Albert Stimming

Der Troubadour Jaufre Rudel, sein Leben und seine Werke

Albert Stimming

Der Troubadour Jaufre Rudel, sein Leben und seine Werke

ISBN/EAN: 9783743309371

Hergestellt in Europa, USA, Kanada, Australien, Japan

Cover: Foto ©ninafisch / pixelio.de

Manufactured and distributed by brebook publishing software (www.brebook.com)

Albert Stimming

Der Troubadour Jaufre Rudel, sein Leben und seine Werke

Vorrede.

Die nachfolgende Ausgabe der Gedichte Jaufre Rudel's beruht auf dem ganzen uns erhaltenen handschriftlichen Material. Dass ich in den Besitz dieses kritischen Apparates gelangen konnte, verdanke ich dem Zusammontreffen mehrerer günstiger Umstände. Auf einer Reise nach Paris im vergangenen Jahre hatte ich Gelegenheit, die in der dortigen „Bibliothèque nationale" befindlichen Lieder des Dichters abzuschreiben, während Herr Professor Stengel in Marburg (damals in Rom), welcher auch sonst mich mit seinem Rathe unterstützt hat, mir freundlichst die Copien aus den römischen Handschriften besorgte. Es fehlten mir demnach noch der Estensis und die Oxforder Handschrift, Douce 269. Die in letzterer enthaltenen beiden Gedichte wurden mir durch die liebenswürdige Vermittelung des Professors Nott in Oxford zugänglich gemacht, diejenigen aus dem Estensis endlich hatte Professor Mussafia in Wien die Güte, mir zu verschaffen. Allen diesen Gelehrten, so wie Herrn Dr. Mahn in Berlin, der mir auf verschiedene Fragen in zuvorkommender Weise Auskunft ertheilt hat, spreche ich hier für die mir so bereitwillig geleistete Hülfe meinen wärmsten Dank aus.

Was das bei der Herstellung des Textes beobachtete Verfahren betrifft, so ergab sich dies bei den Liedern, die nur in zwei Handschriften überliefert sind, ganz von selbst. Ich legte hier nämlich die relativ beste Recension zu Grunde und nahm aus der andern nur die Stellen herüber, in denen sie offenbar die richtigere Lesart zeigte. In den Fällen, wo keine von beiden einen befriedigenden Text lieferte, habe ich mir nur selten, nämlich nur da, wo das Richtige sich leicht zu ergeben schien, eine Aenderung im Text vorzunehmen erlaubt (diese aber jedesmal durch Cursivdruck kenntlich gemacht), übrigens aber die Heilung kundigeren Aerzten überlassen.

Weniger einfach war die Frage der Textherstellung bei den Liedern gelöst, die in zahlreichen Versionen vorlagen. Bei diesen glaubte ich durch folgende Methode dem ursprünglichen Texte am nächsten zu kommen. Ich suchte zunächst, und zwar für jedes Gedicht einzeln, sämmtliche vorliegende Handschriften in Gruppen zu zerlegen, die sich aus den gemeinsamen Lesarten, Fehlern u. dgl. ziemlich leicht ergaben. Sodann kam es darauf an, für jede dieser Gruppen den Archetypus zu reconstruiren. Dies schien dadurch ermöglicht werden zu können, dass ich zunächst die allen Handschriften der Gruppe gemeinsamen Lesarten und von den auseinandergehenden immer diejenige nahm, welche auch in den andern Gruppen sich fand oder ihnen zunächst stand. Die übrigen, d. h. diejenigen Lesarten der betreffenden Gruppe, welche durch die anderer Gruppen nicht gestützt wurden, liess ich vorläufig, als für die endgültige Textgestaltung unwesentlich, fallen, habe sie aber im Anhang der Controlle halber mitgetheilt. Stimmte keine Handschrift der einen Gruppe mit denen andrer überein, so wurden sämmtliche Varianten bewahrt.

Aus den so gewonnenen Classentypen versuchte ich den definitiven Text herzustellen, indem ich immer denjenigen Typus zu Grunde legte, der am wenigsten evidente Fehler aufwies.

Dass jedoch auf diese Weise immer das Richtige herausgefunden sei, darf Jemand, der zum ersten Male eine derartige Arbeit unternimmt, wohl kaum zu hoffen wagen.

In Bezug auf die Orthographie glaubte ich, so lange die Untersuchungen über dieses Capitel noch keinen sichern Abschluss gefunden haben, nicht besser verfahren zu können, als indem ich, wenigstens in Bezug auf qu, v, j, lh, nh diejenige Schreibung consequent durchführte, welche Diez als die wahrscheinlichste hinstellt, während ich rücksichtlich der Spielformen einfach immer den zu Grunde gelegten Handschriften folgte. Ich brauche nicht besonders hervorzuheben, dass ich die übrigen Spielformen ebensowenig wie die graphischen Unterschiede in den Varianten vermerkt habe.

Die Biographie habe ich nach den mir hier zugänglichen Hülfsquellen bearbeitet. Zu diesen gehört nicht Nostradamus, Papon, die Histoire littéraire und manches andere Werk, das sich in irgend einer Weise mit unserm Dichter beschäftigt hat. Trotzdem denke ich, dass ich dadurch nichts verloren habe. Zwar enthält nämlich Nostradamus (nach Diez, Leben etc. 52) eine romantisch ausgeschmückte Erzählung über Jaufre Rudel: demselben ist aber, wie auch Diez hervorhebt, nirgends weniger als bei dergleichen Stoffen zu trauen, welche die Phantasie anregen. Ueberdies konnte ich mich um so leichter über diesen Mangel trösten, als Bartsch, Jahrb. XIII (neue Folge I), p. 11 und 20—22 nachgewiesen hat, dass Nostradamus in Bezug auf Jaufre Rudel's Lebensbeschreibung wesentlich nur die auch uns zugänglichen Quellen benutzt hat, dass daher alles nicht in diesen Befindliche von ihm meist geradezu erfunden ist. Ich hätte daher nur dies Erzeugniss seiner Einbildungskraft ihm nacherzählen können, ohne dadurch aber auch den geringsten sichern Aufschluss über den wahren Zusammenhang zu erhalten. Von den beiden zuletzt erwähnten Werken ist ebenfalls nicht anzunehmen, dass dieselben noch irgend einen neuen Punkt, irgend ein neues Factum berichten, da Diez dieselben benutzt, daher jedenfalls alles Bemerkenswerthe schon herausgenommen hat. Wenn ich aber auch, ohne Verlust befürchten zu müssen, von jenen Büchern absehen konnte, so wollte ich diesen Umstand hier doch erwähnen, damit mir nicht Jemand vorwerfen möchte, dass ich auf dieselben nicht Bezug genommen habe.

Dass ich endlich der Ausgabe der Lieder Jaufre's eine Uebersetzung beigefügt habe, glaube ich nicht besonders motiviren zu müssen. Die lyrischen Gedichte der Provenzalen sind zum grossen Theile nicht so leicht, dass die richtige Uebersetzung immer auf der Hand läge. Auch in den Liedern unseres Troubadours ist so manche Stelle, über welche ich wenigstens zu keiner völligen Klarheit habe gelangen können. Um so dankbarer würde ich daher sein, wenn Andre etwaige Irrthümer berichtigen und dadurch zur Förderung der Wissenschaft beitragen möchten.

Kiel, am Pfingstfeste 1873.

Albert Stimming.

Inhalt.

		Seite
I.	Jaufre Rudel's Leben	1
II.	Metrik und Sprache	29
III.	Text	40
IV.	Uebersetzung	60
V.	Anhang	68

Arch.: Archiv für das Studium der neueren Sprachen und Literaturen, herausgegeben von L. Herrig.
L'Art de vérif.: L'art de vérifier les dates des faits historiques.
Bartsch, L. B.: Provenzalisches Lesebuch, herausgegeben von K. Bartsch.
Chrest.: Chrestomathie provençale par K. Bartsch. 2e édition.
Crescimbeni: Comentarj sopra l'istoria della volgar poesia di Giovanni Mar[io] de Crescimbeni.
Diez, Leben etc.: Leben und Werke der Troubadours von Friedrich Diez.
Diez, Poesie etc.: Die Poesie der Troubadours von Friedrich Diez.
Jahrb.: Jahrbuch für romanische und englische Sprache und Literatur, her[aus]gegeben von L. Lemcke.
Leys: Leys d'amors, herausgegeben von Gatien-Arnoult.
M. G.: Gedichte der Troubadours, herausgegeben von C. A. F. Mahn.
Muss.: Mussafia, Del codice Estense di rime provenzali.
M. W.: Die Werke der Troubadours, herausgegeben von C. A. F. Mahn.
P. O.: Le Parnasse Occitanien ou choix des poésies originales des troubad[ours].
R.: Choix des poésies originales des troubadours par M. Raynouard.

I.
Biographie.

Ueber das Leben Jaufre Rudel's sind wir im Allgemeinen sehr wenig gut unterrichtet, da die provenzalische Lebensnachricht sich wesentlich auf die Erzählung des einen romantischen Abenteuers beschränkt, bei welchem der Dichter seinen Tod gefunden. Dieselbe erwähnt jedoch, dass er Prinz von Blaja war. Blaja ist eine Stadt am rechten Ufer der Gironde, von den Römern Blavia, heute Blaye genannt, die sich dadurch einer gewissen Berühmtheit erfreut, dass sie nicht nur das Grab Charibert's des ersten merovingischen Königs von Aquitanien, des Bruders Dagobert's enthält, sondern auch, wie der Pseudo-Turpinus erzählt, dasjenige Roland's, des sagenhaften Neffen Karl's des Grossen, der hier sammt seinem Schwerte Durendal und seinem wunderbaren Horne beigesetzt sein soll. Diese Stadt mit ihrem Gebiete bildete einen Theil der Grafschaft Angoulême und ist auch nachweislich verschiedene Male an jüngere Söhne der Familie als Lehn vergeben worden. Demnach gehörte auch unser Dichter unzweifelhaft zu diesem vornehmen Grafengeschlechte.

Was nun die Person Jaufre Rudel's betrifft, so kommen in der Geschichte allerdings verschiedentlich Prinzen resp. Grafen von Blaja dieses Namens vor. So wird uns von einem Jaufred, Grafen von Angoulême berichtet, der im Jahre 1048 gestorben und seine Grafschaft seinen fünf Söhnen zur Theilung hinterlassen, bei welcher Gelegenheit die Herrschaft von Blaja dem zweiten Sohne, Geoffred Rudelli, zugefallen sei (Art de vérif. X, 153). Da nun aber unser Dichter, wie wir unten nachweisen werden, etwa in der Mitte, sogar zu Anfang der zweiten Hälfte des zwölften Jahrhunderts geblüht haben muss, so ist die Möglichkeit seiner Identität mit dem eben erwähnten Prinzen unzweifelhaft ausgeschlossen. Ausser diesem Geoffred Rudelli kennen wir noch einen andern Prinzen gleichen Namens, der sich in einem Geleitsbriefe aus dem Jahre 1231 als „G. Rudelli dominus de Blaya" zeichnete [1]). Aber auch dieser kann hier nicht in Betracht kommen, da unser Jaufre Rudel, wie später constatirt werden wird, jedenfalls nicht nach 1200 gelebt hat. Obgleich nun die Geschichte uns keinen andern Prinzen von Blaja dieses Namens überliefert hat, so darf dieser Umstand als rein zufällig angesehen werden, ja er muss ganz natürlich erscheinen, da die Chroniken des Hauses Angoulême sich gewöhnlich auf die Hauptlinie beschränken, der Nebenlinien nur aus besondern Rücksichten, etwa, wenn sie mit jener in directe Berührung treten, gedenken. Jedenfalls kann uns diese Thatsache nicht dazu berechtigen, die Existenz unseres Dichters gänzlich zu leugnen, da nachgewiesen ist, dass in seiner Familie sowohl der Name als der Titel, die ihm beigelegt werden, notorisch mehrfach vorgekommen sind, andrerseits die Herrschaft von Blaja zu unbedeutend war, als dass alle Inhaber derselben, als solche, Gegenstand historischer Aufzeichnungen hätten sein können. Wir werden also auf Grund der provenzalischen Lebensnachricht einen dritten Jaufre Rudel, Prinzen von Blaja aus dem Hause Angoulême annehmen können, welcher der Zeit nach etwa zwischen den beiden oben erwähnten Prinzen gleichen Namens gelebt hat, und dessen Existenz um so unzweifelhafter ist, als derselbe seinem ältern Zeitgenossen Marcabrun bekannt war, ja von ihm erwähnt wird (siehe pag. 9).

In diesem Falle würde er höchst wahrscheinlich der Sohn Girard's von Blaja sein, von dem in der Art de vérif. X, 186 erzählt wird, dass er mit seinem Lehnsvetter Wulgrin, dem regierenden Grafen von Angoulême (1120—1140) etwa 6—8 Jahre nach dessen Regierungsantritt um den Besitz des Schlosses Montignac in Streit gerathen, von diesem aber besiegt und des Schlosses beraubt worden sei.

Ueber das Geburtsjahr unseres Dichters können wir ebenfalls nur Vermuthungen aufstellen. Da es sich aber mit ziemlicher Sicherheit erweisen lässt, dass derselbe sich dem Kreuzzuge von 1147 angeschlossen (s. 8), zweitens, dass er im Anfange der Sechziger desselben Jahrhunderts noch ein Liebesabenteuer bestanden hat, so werden wir nicht allzuweit fehlgreifen, wenn wir seine Geburt zwischen die Jahre 1120 und 1125 setzen.

Von den Schicksalen seiner Jugend wissen wir nichts weiter, als einmal, dass er der damals herrschenden Sitte seinen Tribut

---

[1] Vergl. die Untersuchungen Foncemagne's und Paulmy's bei Millot, Hist. litt. pag. 95 und Diez, Leben etc. pag. 55.

zollte und einer Dame seine Huldigungen darbrachte, sodann, dass er, wie schon erwähnt, an einem Kreuzzuge nach dem heiligen Lande sich betheiligte. Seine Lieder sind für uns die Hauptquelle, aus der wir über beide Ereignisse einige Kenntniss schöpfen können. Wir erfahren daraus, dass er in der Liebe nicht immer vom Glücke sehr begünstigt gewesen ist.

Die ersten Strophen des Liedes I schildern uns eine Neigung, die das Gepräge der grössten Begeisterung und zugleich der grössten Zaghaftigkeit, die echten Eigenschaften einer jugendlichen Liebe, an sich trägt: die Schönheit der Natur, die im frischen Frühlingsschmucke prangt, sagt er, vermehrt noch die Freude, die in seinem Herzen wohnt (I, 1—7); denn einer Dame dient er, die an Reizen auf Erden nicht ihres Gleichen findet (I, 38); sie besitzt einen zarten, wohlgebauten Körper ohne den geringsten Makel (I, 12, 13), sie ist anmuthig, frisch und von liebenswürdiger Gesinnung (I, 40); liebreizend sind ihre Reden (I, 36), ihr Benehmen angenehm und gewinnend (I, 37) — kurz, sie ist der Inbegriff aller Tugenden und Vorzüge (I, 42). Sein sehnlichster Herzenswunsch, der Gegenstand seiner Gebete ist, sie möchte ihm gut sein, ihm ihre Liebe schenken (I, 10, 11); wachend, schlafend, träumend — immer ist sie das Ziel seiner Sehnsucht und seines Verlangens (I, 15, 16), denn an ihr hat er wunderbare Freude (I, 17); aber ach! immer und immer kehrt derselbe Schmerz wieder! Was nützt ihm ihre Schönheit, was helfen ihm ihre Reize, wenn sie ihm nicht wohl will, und wenn kein Freund ihn belehren kann, wie er je ihrer Liebe geniessen möchte (I, 19—21)! Aber dazu sieht er keine Möglichkeit: nähert er sich ihr noch so schnell, so dünkt es ihn, als ginge er rückwärts und als eile sie unaufhaltsam davon (I, 23—25), nicht dürfe er hoffen, sie je zu erreichen, wenn die Liebe selbst ihm nicht beistehe und die fliehende Geliebte aufhalte (I, 27, 28). Allerdings werde die Hoffnung auf Erfolg sehr dadurch verringert, dass er nicht den Muth habe, ihr seine Gefühle mitzutheilen, ihr sein Herz auszuschütten; denn die festesten Vorsätze und Entschlüsse brächen haltlos zusammen, sobald er ihr holdes Antlitz erblicke; nie wohl werde er beherzt genug sein, sie um ihre Liebe oder wenigstens um ihr Mitleid zu bitten (I, 43, 44).

Ob die Dame, die in diesem Gedichte gefeiert wird, dieselbe ist, der die beiden Lieder II und III gewidmet sind, lässt sich nicht mit Sicherheit angeben, da der Dichter es in I vermeidet, irgend welche Anhaltspunkte über dieselbe zu geben; gegen diese übrigens sehr natürliche Annahme möchte vielleicht sprechen, dass in II und III die Dame als fern von dem Dichter wohnend hingestellt wird, während in dem eben vorgeführten Liede die Worte, dass er sich immer vornehme, ihr seine Liebe zu gestehn und nie den Muth habe, diesen Vorsatz auszuführen eher für das Gegentheil zu sprechen scheinen. Aus jenen beiden Gedichten nun erfahren wir, obwohl Jaufre den Namen der Geliebten nicht nennt, dass diese von hohem Stande war: ganz Poitou Berri, Guienne, selbst die Bretagne kennt sie und erfreut sich an ihr (II, 33—35), ein Schloss mit Zinnen und Thürmen ist ihre Wohnung (III, 17, 18), schön ist sie, entzückend schön; nie gab es unter allen Christinnen, Jüdinnen und Sarrazeninnen eine, die sich mit ihr hätte vergleichen können (II, 17—19); wohl dem, der ein Wenig von dem Manna ihrer Liebe gewinnen könnte (II, 20, 21)! Er liebt sie innig, aber ihm bereitet diese Liebe nur Schmerzen und Leiden, da er nur selten den Anblick der Geliebten geniessen kann, denn ferne weilet sie von ihm (III, 17, 18; II, 8). Dies ist der ewige Kummer, der ihm am Herzen nagt (II, 9); nicht eher wird er Ruhe und Zufriedenheit wiederfinden, als bis er süssen Umgang mit der Theuren pflegen kann (II, 10—14). Aber immer fehlt es ihm leider hierzu an Gelegenheit (II, 15); und doch verleitet ihn sein Wunsch immer wieder zu neuen Illusionen (II, 24), er kann die Stimme seines Herzens nicht unterdrücken, kann nicht ablassen von der Liebe, von der Sehnsucht (II, 22), und so wird die Gluth in seinem Herzen fortwährend mehr angefacht (II, 16), der Liebesschmerz wird immer brennender und stechender (II, 26). Indess man solle ihn deswegen nicht beklagen; denn wie leicht könne diese Krankheit gehoben werden: ein Wenig Freude würde ihn heilen (II, 27, 28). Aber der Dichter sah die geheimsten Wünsche seines Herzens nicht erfüllt (III, 16), wofür der Hauptgrund wohl darin liegen mochte, dass die Dame verheirathet war (III, 18). Doch trotzdem bleibt seine Liebe unerschüttert; nach echter Liebhaber Weise wird er durch dieselbe so zur Demuth und Bescheidenheit gestimmt, dass er, wie er sich ausdrückt, die Nachbarn seiner Dame „Herrn" nannte und sich dies noch obenein zur Ehre anrechnete, ja dass er die heruntergekommensten Menschen für Biedermänner hielt (III, 25—30); Tag und Nacht wenden seine Gedanken sich mit süssem Verlangen nach ihr (III, 41—44); schläft er, so weilt sein Geist bei ihr (III, 35, 36) — kurz, er lebt nur für sie. Aber obwohl sie sein treues Herz kennt (III, 32), so bleibt sie doch gegen seine warme Neigung kalt, sie macht sich nichts aus ihm (III, 38), ja hält ihn mit eitlen Vorwänden hin: „Freund", sagt sie, „Eifersüchtige haben einen solchen Zwist erregt, dass wir schwerlich sobald wieder froh sein können" (III, 45—48). Seine Freunde versuchen es zwar, ihn auf andere Gedanken zu bringen, aber er ist für keinen Rath zugänglich (III, 19, 20), denn seine Liebe hält seinen ganzen Sinn gefangen (III, 22), und wenn er nicht bald wenigstens ein kleines Zeichen der Gunst von der Geliebten erhalten wird, so sieht er voraus, dass der Tod sein unausbleibliches Schicksal sein wird (III, 23, 24). Dennoch wagt er es nicht, der Grausamen zu zürnen, oder sie gar zu verlassen, vielmehr will er versuchen, ob er nicht durch geduldiges Ertragen ihr Herz rühren und der Minne Sold erringen könne (III, 39, 40).

Wir können nicht mit Bestimmtheit versichern, dass das Lied IV sich auf das Liebesverhältniss mit derselben Dame bezieht, der er II und III gewidmet; es geht offenbar auf ein galantes Abenteuer, das der Dichter erlebt, von dem wir aber sonst nichts wissen und das er auch hier nur vorsichtig andeutet, ohne dass wir rechte Klarheit über den innern Zusammenhang erhalten. Dasselbe scheint eine gewisse Aehnlichkeit mit demjenigen gehabt zu haben, das Peire Vidal mit Azalais, der Gemahlin des Vizgrafen von Marseille, zu bestehen hatte; nur lag dort ein falsch aufgefasster Scherz, hier aber, wie es scheint, eine beabsichtigte Mystification zu Grunde. Wenn wir nun aus den bisher besprochenen Liedern, namentlich aus III, haben entnehmen können, dass die Zuneigung von Seiten der Dame keine allzu warme und aufrichtige genannt werden durfte, dass letztere vielmehr nicht nur spröde war, sondern sogar eine einigermassen zweideutige Rolle spielte, so wird es durchaus nichts Auffallendes haben, wenn wir annehmen, dass diese selbe Dame es gewesen ist, die wissentlich zu dem argen Streiche ihre Hand geboten habe, der gegen den Dichter unternommen werden sollte und über den er in unserm Liede so bittere Beschwerden und Klagen erhebt. Damit würde vortrefflich stimmen, dass auch hier die Dame nicht an dem Aufenthaltsorte des Dichters, sondern anderswo wohnte (IV, 10 und 28) und einem Andern gehörte (IV, 11); das Einzige, was einigermassen auffallen könnte, wäre dann nur, dass in den frühern Gedichten von einem Bruder der Dame nie die Rede ist, während ein solcher an dem erwähnten Streiche offenbar bedeutenden Antheil genommen hat. Dieser Umstand kann aber wohl kaum unsere Annahme umwerfen, da der Dichter früher augenscheinlich keine Veranlassung hatte, den Bruder zu erwähnen, welcher vielmehr erst durch eben jenes Attentat die

Aufmerksamkeit und zugleich den Hass des Dichters auf sich gezogen hat.

Aus unserm Liede nun geht hervor, dass er eine Dame liebte, die fern von ihm wohnte (IV, 10, 28) und die schon einem Andern gehörte (IV, 11). Er bewarb sich um ihre Gunst, obwohl ihr Bruder ihm nicht gewogen war (IV, 45). Die Dame scheint, wie schon oben erwähnt, falsches Spiel gespielt und zu einem argen Vorhaben, das gegen unsern Dichter unternommen werden sollte, ihren Beistand gewährt zu haben. Sie lockte ihn nämlich, augenscheinlich unter der Vorspiegelung, als wollte sie ihn erhören (IV, 45, 46) in ihr Zimmer, und, als er sich entkleidet hatte, kamen auf ein gegebenes Zeichen ihre Helfershelfer, vielleicht unter der Anführung des Bruders, herbei, griffen ihn an und verlachten und verhöhnten ihn auf das Schmählichste (IV, 36—39, 41).

Diese grausame Behandlung musste ihn um so mehr schmerzen, als seine Liebe offenbar eine aufrichtige und treue gewesen, eine solche Verrätherei bisher noch nicht erhört worden war, (IV, 35) und er eine solche von seiner Dame nicht verdient zu haben glaubte (IV, 45, 46). In der That! machte dies Ereigniss auf ihn den tiefsten Eindruck; lange noch blutete die Wunde in seinem Herzen (IV, 40, 42), lange war er nur für Trauer und Schmerz zugänglich (IV, 15, 16) und oft fuhr er plötzlich im Schlafe auf, weil seine Träume ihn immer wieder in jene hässliche Situation versetzten und ihn von Neuem die Qualen der Angst fühlen liessen (IV, 17, 18). Erst allmählich verwischte sich die qualvolle Erinnerung (IV, 19, 20), erst allmählich wurde er für die Vorstellungen seiner Freunde, die ihn seinem Kummer entreissen wollten, wieder empfänglich (IV, 23) und gewann die Herrschaft über sich wieder, ja fand sogar, wie früher, Geschmack an der Natur und ihren Reizen (IV, 1—7), er fühlte die Ruhe, selbst die Freude wieder in sein Herz einkehren (IV, 8, 9, 24). Nun sah er vorurtheilsfreier auf sein Abenteuer zurück, er erkannte, dass er eine Thorheit begangen (IV, 13—15), aber er nahm sich vor, sich aus diesem Erlebniss eine Lehre zu ziehn und zufrieden, für diesmal so davon gekommen zu sein, sich nicht wieder mit dergleichen Plänen zu befassen, nicht wieder Fremder Besitz zu begehren (IV, 10, 11, 21, 28). Von dieser Liebe, erklärte er, wäre er vollständig geheilt (IV, 32), nicht mehr werde er den Lobhudlern glauben, die ihn früher in seiner Thorheit und Eitelkeit bestärkt hätten (IV, 30). Ein gewisser Trost läge bei all seinem Unglück für ihn darin, dass schon weisere Leute ähnliche Thorheiten begangen hätten (IV, 33): wie wäre es also bei ihm zu verwundern, da er von einer echten, treuen Liebe durchglüht gewesen wäre (IV, 34, 35). Jetzt allerdings hätte er sich gründlich von dieser Leidenschaft, von dieser „thörichten Last" (IV, 56) befreit; Alle, ruft er am Schlusse des Gedichtes aus, sollten dies wissen, Allen sollte sein Lied verkündigen, dass er sich deshalb für mächtig und reich hielte (IV, 52—56). Die eben dargelegte Auffassung von dem Sinn und dem Zusammenhang dieses Gedichtes weicht wesentlich von der Diez's ab. Dieser sagt nämlich (Leben und Werke der Troub. 57) über dasselbe: „In diesem Liede erklärt der Dichter die Erfüllung seiner Wünsche und preist sich glücklich, die schwere Liebesprobe überstanden zu haben, die den Leidenden selbst im Schlummer erschreckt; er dankt denen, die ihm mit gutem Rathe beigestanden. Die letzte Strophe erwähnt eines tragikomischen, doch räthselhaften Abenteuers, das dem Troubadour begegnet war. „Besser liege ich — sagt er — in den Kleidern, als ausgezogen unter der Decke: zum Zeugen kann ich die Nacht anführen, wo man mich überfiel. Stets wird mir das Herz darüber bluten: sie entfernten sich mit solchem Gelächter, dass ich noch seufze und bebe." So sehr wir uns nun auch bemüht haben, uns die Ansicht des Meisters anzueignen, so glaubten wir doch nach wiederholter aufmerksamer Lectüre des Gedichtes bei der unsrigen bleiben zu sollen, da wir die Versicherung des Dichters, dass er seinen Herzenswunsch erfüllt gesehen habe, nirgends entdecken können. Die einzigen Worte nämlich, die eine solche enthalten könnten und, wie die obige Paraphrase zu beweisen scheint, nach Diez's Meinung wirklich enthalten, sind diejenigen im Anfange des Gedichtes. Aber wenn dort (IV, 1—8) der Dichter sagt, zwar liebe er den Sommer und den Frühling, doch sei ihm der Winter angenehmer, weil ihm da mehr Freude zu Theil werde; denn der Mensch müsse doch, wenn er das sähe, was ihn erfreut, auch froh sein und er dann hinzufügt, „jetzt habe er Freude und sei er froh", so sind doch diese Worte, aus dem Zusammenhang herausgenommen, ihrem Sinne nach höchstens unbestimmt und undeutlich zu nennen, berechtigen aber wohl nicht zu jener Deutung; uns scheinen sie, auch für sich betrachtet, viel weniger den Jubel eines erhörten Liebhabers als vielmehr das gerade Gegentheil auszudrücken. Denn da in Uebereinstimmung mit allen andern Troubadours auch unser Dichter sonst den Frühling lobt und ihn als die Zeit der Freude und der Liebe hinstellt (I, 1—7, II, 1—7), so würde damit schlecht passen, dass er sich hier für den Winter ausspricht, um so schlechter, als er selbst an einer Stelle (V, 4—7) erklärt, dass, wenn ihm der Frühling nicht höher stände als der Winter, dies in der Hoffnungs- und Aussichtslosigkeit seiner Liebe seinen Grund habe; um wie viel mehr könnte hier an einen ähnlichen Grund gedacht werden, wo er den Winter gar über den Frühling stellt!

Jene Annahme wird aber unserer Meinung nach völlig unhaltbar werden, wenn man die übrigen Verse des Gedichtes mit heranzieht; schon die auf „er ai ieu joi͞e sui jauzitz" folgenden Worte „e restauratz en ma valor" sind dann schwer zu erklären; im Verlaufe des Liedes aber wird man auf die bedenklichsten Widersprüche stossen, z. B. dass er von nun an zu Hause bleiben (IV, 28), dass er nicht mehr zu jener Qual zurückkehren werde (IV, 22), dass er fortan nicht mehr den Lobhudlern glauben wolle (IV, 30), dass er jetzt völlig geheilt (IV, 32) und von der thörichten Last befreit wäre (IV, 56), dass schon klügere Leute Missgriffe gemacht hätten (IV, 33), dass noch nie Jemand eine so treue Liebe verrathen hätte (IV, 35) u. s. w., Widersprüche, die zu lösen kaum möglich sein dürfte, wie auch Diez's eigne Worte beweisen. Wir haben schon gesagt, dass der Dichter sich nicht mit völliger Klarheit über den ihm zugestossenen widerwärtigen Vorfall ausspricht, aber der Verlauf scheint uns doch in der Weise, wie wir oben darzulegen versucht, ziemlich deutlich zwischen den Zeilen zu lesen zu sein. Folgt man ihm, so klären sich alle Dunkelheiten und Schwierigkeiten, die jene Auffassung ungelöst lässt, auf's Schönste; so die „schwere Liebesprobe, die den Leidenden selbst im Schlummer erschreckt," so der Dank an die, „welche ihm mit gutem Rath beigestanden," so endlich auch das „tragikomische, doch räthselhafte Abenteuer, das dem Troubadour begegnet war."

Ein zweites wichtiges Ereigniss, das in die Jugend Jaufre's fällt, ist seine Theilnahme an dem Kreuzzuge Ludwig's VII 1147. Die begeisterten Predigten Bernhard's von Clairvaux fanden auch in seinem Herzen einen lebhaften Wiederhall, und in dem schon oben erwähnten Liede I giebt er dieser Begeisterung einen beredten Ausdruck, indem er laut verkündigt, an dem gottgefälligen Unternehmen sich betheiligen zu wollen. So innig er daher auch seiner Dame zugethan ist (siehe pag. 3), so erklärt er jetzt doch von ihr scheiden zu müssen (I, 43), denn nun kämen höhere Interessen in's Spiel, da es sich um sein Seelenheil handle (I, 44). Da fühlt er sein Herz von einem heiligen Feuer erglühen, eine reine, muthige Freude beseelt ihn (I, 46), der Herr ruft ihn zu sich, er hat ihm diese hoffnungsvolle Begeisterung eingeflösst (I, 46—49), und da gilt es, nicht zu zaudern. Wehe dem, der behaglich daheim zurückbleibt und nicht dem Rufe Gottes Folge leistet (I, 50, 51)! kaum wird er fortan den Namen eines Wackern beanspruchen dürfen (I, 52), und schlimmer noch wird es mit seiner Seelen Seligkeit stehn (I, 53). Wohl aber dem, der sich gelehrig zeigt, denn, wen Jesus belehrt, der hat eine zuverlässige Schule (I, 54—56)!

Dass aber der Prinz den Vorsatz, den er gefasst, auch wirklich durchführte [1]), dafür giebt uns das Zeugniss des Dichters Marcabrun einen erwünschten Beweis. Dieser berichtet nämlich am Ende eines Liedes (Raynouard. Choix III, 373, M. W. I, 52), er werde dasselbe dem Jaufre Rudel über's Meer senden, damit es die Franzosen vernähmen und ihr Herz daran erfreuten:

> Lo vers el so vuelh enviar
> An Jaufre Rudelh oltra mar
> E vuelh que l'ajon li Frances'
> Per lur coratges alegrar.

Es geht aus diesen Worten also deutlich hervor, dass, als Marcabrun diese Worte schrieb, Jaufre sich jenseits des Meeres, also beim Kreuzheere befand. Weitere Details aber über seine Schicksale auf diesem Zuge sowie über seine Rückkehr fehlen uns ganz [2]).

Es möchte hier vielleicht der Ort sein, zu untersuchen, ob die oben erwähnten Liebes-Leiden und -Freuden in die Zeit vor oder nach dem Kreuzzuge fallen, wodurch zugleich entschieden werden würde, ob die Lieder, welche uns von denselben berichten, vor oder nach dem Kreuzliede gedichtet sind. Man darf zunächst wohl mit ziemlicher Bestimmtheit annehmen, dass Jaufre trotz seiner Jugend schon vor seiner Reise in's gelobte Land sich poëtisch versucht habe, da es sich wohl schwer erklären liesse, warum

---

1) Da sich der damals regierende Graf von Angoulême Wilhelm Taillefer IV, wie berichtet wird (Art de vérif. X, 187) an Alfons Jordanus, Grafen von Toulouse, anschloss, so wird man nicht irren, wenn man annimmt, dass sich Jaufre im Gefolge seines Lehnsvetters befunden hat.

2) Ist die von uns in der vorigen Anmerkung aufgestellte, übrigens sehr natürliche Hypothese, dass der Dichter sich im Gefolge seines Lehnsvetters befand, richtig, so hat auch auf ihn die Notiz Bezug, dass, während der König von Frankreich und der Kaiser den grössten Theil ihrer Truppen in den Wüsten Asiens verloren, der Graf von Angoulême seine ganze Abtheilung wohlbehalten nach Jerusalem brachte, überhaupt einer von denjenigen Führern war, die am wenigsten Leute auf diesem Zuge verloren (Art de vérif. X, 187).

Marcabrun jenes Gedicht unter den vielen französischen Grafen und Prinzen, die sich im Kreuzheere befanden, gerade dem jungen und sonst wohl wenig berühmten Jaufre Rudel übersandt haben sollte, wenn dieser sich nicht schon als Troubadour einen Namen gemacht hätte. Auch Crescimbeni Coment. 391 scheint diese Annahme zu bestätigen; wenigstens versichert er, dass Jaufre Rudel vor 1150 geblüht habe. Dazu kommt, dass unser Dichter schon vor seinem Zuge jedenfalls einer Dame gedient hat, wie die ersten Strophen seines Kreuzliedes beweisen, es also auch anzunehmen ist, dass er zu ihrem Preise Lieder verfasst habe. Ob aber die vor dem Kreuzzuge entstandenen Liebeslieder gerade diejenigen sind, die wir oben analysirt haben (II, III,'IV), oder, ob jene nicht vielmehr verloren gegangen sind, das wollen wir jetzt zu entscheiden versuchen. Wenn wir nämlich voraussetzen, dass die Lieder II, III, IV sich auf ein und dasselbe Liebesverhältniss beziehen, — und, wie oben gesehen, lassen sich gegen diese höchst naturgemässe und naheliegende Annahme keine irgend wie stichhaltigen Gründe vorbringen — so sind in Bezug auf das Verhältniss dieser Lieder zu dem Kreuzliede zwei Möglichkeiten vorhanden: entweder, die in ihnen erwähnte Dame ist dieselbe, die in dem ersten Theile des Kreuzliedes gefeiert wird, was sich allerdings nicht stricte erweisen, aber noch weniger widerlegen lässt (siehe pag. 3), oder aber es ist von zwei ganz verschiedenen Liebschaften des Dichters die Rede. Nehmen wir zunächst an, alle vier Lieder behandelten denselben Gegenstand, d. h. feierten dieselbe Dame, so muss mit Sicherheit geschlossen werden, dass die Entstehung wenigstens von III und IV in die Zeit nach der Rückkehr aus dem heiligen Lande fällt; denn während der Dichter vor seiner Abreise noch nicht einmal gewagt hatte, der Dame seine Liebe zu gestehen, so ist er in III mit ihr schon in directen Verkehr getreten und IV berichtet von dem Verrath derselben, durch welchen ein völliger Bruch zwischen beiden herbeigeführt wurde. Es könnte sich demnach nur noch um II handeln, also fraglich sein, ob auch dies dem Kreuzliede folge oder vorangehe. Wenn wir uns auch hier wieder erinnern, dass in I die Liebe noch höchst schüchtern auftritt, nicht einmal ihre Existenz zu offenbaren wagt, geschweige denn, weitere Hoffnungen zu hegen (I, 35), mit einem Worte, dass sie hier durchaus den Charakter der Jugendlichkeit hat, so werden wir ein Gleiches von II nicht sagen können. Hier ist der Dichter schon weit kühner geworden, hier begnügt er sich nicht mehr mit jenen rein ideelen Genüssen, die reellen haben für ihn mehr Reiz; er spricht es deutlich aus, dass sein ganzer Sinn dahin stehe, süssen Umgang mit seiner Dame zu pflegen (II, 12—14). Wenn wir daher auf diese, bei einem provenzalischen Dichter freilich immer unsichern, innern Gründe eine Vermuthung basiren, so würde es die sein, dass auch II nach dem Kreuzliede, also ebenfalls nach der Rückkehr von Palästina, verfasst worden ist, eine Vermuthung, die durch das complicirte Versmass und die reichere rhythmische Gliederung von II nicht unbedeutend unterstützt wird. Hiernach würde für die Lieder die chronologische Reihenfolge I, II, III, IV hervorgehen und aus denselben der Verlauf der Lebensschicksale des Dichters sich etwa so ergeben, dass er schon vor seinem Zuge ein Liebesverhältniss angeknüpft und auch einige Lieder zum Preise der Herrin seines Herzens verfasst hat, von denen uns jedoch keins erhalten ist; dass er nach seiner Rückkehr seine Werbung fortgesetzt, bis er, von der Treulosigkeit seiner Dame überzeugt, sich ganz von ihr losgesagt hat. Dieser Verlauf scheint uns der natürlichste und der Wahrheit am nächsten zu kommen.

Es erübrigt nun noch, die andere der beiden oben aufgestellten Möglichkeiten in's Auge zu fassen, die nämlich, dass die in den Liedern II, III, IV erwähnte Liebschaft nicht die ist, deren das Kreuzlied gedenkt, sondern derselben entweder vorangegangen oder auf sie gefolgt ist. Wollten wir annehmen, dass sie derselben gefolgt sei, so würde dadurch die Reihenfolge der Lieder, auf die es uns doch hier hauptsächlich ankommt, nicht geändert werden, und wir würden dann nur statt des einheitlichen, in allen Phasen der Entwickelung deutlich vor uns liegenden Liebesromans deren zwei erhalten, von denen der erste keinen Ausgang, der zweite keinen völlig befriedigenden Anfang aufweist. Wenn aber die ganze in II, III, IV angedeutete Geschichte sich vor der im Kreuzlied erwähnten Liebe ereignet haben sollte, so müssten wir annehmen, dass Jaufre trotz der bittern Erfahrungen, die er bei seiner ersten Liebe gemacht, trotz des tiefen Eindrucks, den sein Unglück eingestandener Massen auf ihn hervorgebracht, nicht nur die widerfahrene Lehre, sondern auch die gefassten Vorsätze bald vergessen und gleich wieder in einer neuen, diesmal idealen Liebe sein Glück versucht hätte. Wenn nun schon aus psychologischen Gründen diese Annahme höchst unwahrscheinlich sein wird, so wird sie dies noch mehr werden, wenn wir Jaufre's jugendliches Alter in Betracht ziehen, da er zur Zeit des Kreuzzuges erst etwa 25 Jahre alt war.

Wir sehen demnach, dass wir keine Veranlassung haben, den oben als wahrscheinlich gefundenen Verlauf der Dinge umzustossen, und glaubten daher auch die Lieder in der sich daraus ergebenden Reihenfolge im Text ordnen zu sollen. Wir fahren nun in der Geschichte unsers Dichters fort und kommen jetzt auf das eigenthümlichste, abenteuerlichste Ereigniss aus seinem Leben, das einzige, über welches wir eine etwas genauere Kenntniss haben, weil es das einzige ist, welches der provenzalische Biograph zu berichten für werth gehalten hat. Ihn werden wir daher hierbei hauptsächlich als Quelle benutzen müssen. Die Erzählung ist uns in drei verschiedenen Recensionen überliefert worden, nämlich wie sie in A [1]), in B und J K [2]) erhalten ist. Wenn wir sie mit einander vergleichen, so finden wir, dass J K die kürzeste und einfachste Version enthält, dass in Bezug auf Ausführlichkeit sodann A und endlich B folgt. Demnach wären hinsichtlich der Entstehung zwei Möglichkeiten denkbar: entweder enthielte B die ursprüngliche Lesart und A so wie J K wären durch Kürzung entstanden, oder A und B wären durch Zusätze und Erweiterungen aus J K hervorgegangen. Ehe wir diese Frage zu entscheiden versuchen, wollen wir zunächst den Vorgang nach JK wiedergeben und dann den Charakter der Zusätze näher in's Auge fassen. Dort heisst es: „Jaufre Rudel von Blaja war ein sehr edler Mann, ein Prinz von Blaja. Und er verliebte sich in die Gräfin von Tripolis, ohne (sie) zu sehn, wegen des Guten, das er die Pilger von ihr sagen hörte, welche von Antiochia kamen. Und er machte über sie manche Lieder mit guten Melodien und kurzen [3]) Versen. Und aus dem Wunsche sie zu sehen, nahm er das Kreuz und begab sich auf das Meer. Und es ergriff ihn eine Krankheit auf dem Schiff und er wurde für todt nach Tripolis in eine Herberge gebracht. Und es wurde der Gräfin zu wissen gethan und sie kam zu ihm an's Bett. Und er merkte (= es kam ihm zum Bewusstsein), dass es die Gräfin war, da erlangte er das Hören und das Riechen wieder (= kam wieder zu Sinnen) und lobte Gott, dass er ihm das Leben erhalten hatte, bis er sie gesehen hätte. Und so starb er zwischen ihren Armen und sie liess ihn mit grosser Ehre im Hause des Tempels begraben. Und dann wurde sie an jenem Tage Nonne wegen des Schmerzes, welchen sie über seinen Tod hatte."

---

1) Die Benennung der Handschriften ist die von Bartsch, Grundriss etc. pag. 27 sq. vorgeschlagene.

2) J und K unterscheiden sich ausser in der Orthographie und einigen ganz unwesentlichen Punkten nur durch folgende Zusätze von J: pag. 40 Zeile 1 „efii" hinter hom und Zeile 8 „e mantenent" vor recobret.

3) Dies ist nach Diez hier die Bedeutung von paubre, vielleicht eher „schlicht,, in Bezug auf die metrische Gliederung.

Vergleichen wir nun mit dieser Version den Text von A und B, so werden wir finden, dass diese in materieller Beziehung völlig mit ihr übereinstimmen, und dass die Aenderungen reine Erweiterungen des dort Mitgetheilten sind, aber sachlich auch nicht das geringste Neue hinzubringen. Die A und B gemeinsamen Zusätze sind nämlich folgende: hinter „und er begab sich auf's Meer" wird angefügt „um sie aufzusuchen," dann heisst es weiter „und auf dem Schiffe ergriff ihn eine sehr grosse Krankheit, so dass die, welche mit ihm waren, glaubten, dass er auf dem Schiffe gestorben wäre. Aber so viel thaten sie, dass sie ihn wie für todt nach Tripolis in eine Herberge brachten." Statt „und er erlangte das Hören und Riechen wieder" heisst es „das Sehen und Riechen," hinter „und lobte Gott" folgt „und dankte ihm," statt „zwischen ihren Armen" steht „zwischen den Armen der Dame (der Gräfin B)", statt „mit grosser Ehre" nur „ehrenvoll," endlich für „über seinen Tod" „über ihn und seinen Tod."

Fast noch bedeutungsloser sind die Aenderungen, die B für sich noch ausserdem aufzuweisen hat; dort heisst es nämlich statt „wegen des Guten" „wegen des vielen Guten und der grossen Artigkeit," statt „manche Verse" „manche gute Verse," ausser „im Hause des Tempels" noch „zu Tripolis," endlich statt „an diesem Tage" „an diesem selben Tage."

Wir glauben daher mit Recht annehmen zu können, dass die einfachste, kürzeste Recension, also die in J K (specieller K) enthaltene die älteste ist, die wir daher auch der Textgestaltung zu Grunde gelegt haben, und dass diejenigen von A und B aus der Neigung entstanden sind, die Erzählung in die Breite zu ziehen und einzelne Punkte etwas mehr auszuspinnen, z. Th. auch etwas verständlicher auszudrücken.

Es würde sich nun zunächst darum handeln, zu constatiren, wer die Gräfin von Tripolis, die dem Jaufre eine so eigenthümliche Leidenschaft eingeflösst haben soll, gewesen ist. Was zunächst die Grafschaft Tripolis betrifft, so wurde eine solche allerdings im Jahre 1109, unmittelbar nach der Eroberung der Stadt gleichen Namens errichtet und dem Grafen Bertrand von Toulouse, dem Sohne Raimund's IV, des ersten Kreuzfahrers, übertragen (Wilhelm von Tyrus [1]) XI, 10). Dieselbe bestand sodann das ganze Jahrhundert hindurch, bis sie i. J. 1200 mit dem

---

[1] Historia rerum in partibus transmarinis gestarum a tempore successorum Mahumeth usque ad annum domini 1184.

Fürstenthume Antiochia vereinigt wurde und seitdem aufhörte, als selbstständiges Lehn zu existiren. Das Abenteuer Jaufre Rudel's müsste sich demnach unzweifelhaft vor 1200 zugetragen haben. Wenn wir nun zweitens fragen, wer die in dem Berichte erwähnte Gräfin von Tripolis war, so begegnet uns unter den Prinzessinnen aus jenem Hause eine, welche nach Zeit und Umständen sehr wohl die in Rede stehende Dame gewesen sein könnte. Wir nehmen als unsern Gewährsmann den Chronisten Wilhelm von Tyrus, der sich durch das gesunde Urtheil und den hohen, unbestechlichen Sinn, den seine Geschichte der Kreuzzüge verräth, den Ruhm des grössten Historikers des Mittelalters erworben hat. Dieser berichtet uns (XVII, 19), dass, als Raimund I, Graf von Tripolis, im Jahre 1152 [1]) plötzlich ermordet worden, er einen kaum zwölfjährigen Sohn, ebenfalls Namens Raimund, und ein noch jüngeres Töchterchen, Namens Melisendis (auch Melusine genannt) hinterlassen habe, die hiernach also um 1142 geboren sein mochte. Mehrere Jahre später, nämlich 1160, erzählt Wilhelm von Tyrus weiter, als der junge Raimund schon zur Herrschaft gelangt und die Prinzessin erwachsen war, schickte Manuel I, Kaiser von Constantinopel[2]), Gesandte zu Balduin, dem damaligen Könige von Jerusalem, mit der Bitte, ihm eine von seinen beiden Nichten, entweder Melisendis von Tripolis oder Maria von Antiochia, zur Gemahlin zu geben (XVIII, 30). Nachdem der König sich mit seinen Vertrauten berathen, welche Wahl der Hoheit des Kaisers am angemessensten sein würde, empfahl er die junge, begabte (bonae indolis) Melisendis, Schwester des Grafen von Tripolis, und diesem Vorschlage stimmten die kaiserlichen Gesandten mit der grössten Ehrerbietung bei. Um nun die Prinzessin, die zu einer so ungewöhnlichen Ehre bestimmt war, würdig auszustatten, wurde mit unermesslichen Kosten eine wahrhaft königliche Aussteuer hergestellt. Da nicht nur diese Ausstattung Melisenden's, sondern auch ihre Gestalt und ihr Körperbau, welche auf das genaueste besichtigt wurden, den Beifall der Gesandten erhielten, so wurde die Vermählung verabredet. Kaum aber hatte die junge Gräfin das Schiff bestiegen, um abzureisen, als sie von einer so heftigen Krankheit befallen wurde, dass sie

---

1) In den meisten Büchern findet man 1148 als das Todesjahr Raimund's angegeben. Da aber W. v. Tyrus der einzige ist, der diese Ermordung berichtet und dieser von einem Angriff der Muselmänner auf Damascus im November 1152 erzählt, er sei bald nach jenem Ereigniss erfolgt, so wird letzteres in dasselbe Jahr fallen.

2) Er regierte von 1143—1180.

wieder an's Land gebracht werden musste. Die Gesandten waren zwar anfangs geneigt, die Genesung abzuwarten, aber stets wurde diese durch Rückfälle unterbrochen und : besonders heftig wurde die Krankheit, so oft die Gräfin das Schiff wieder bestieg [1]). Da wurden die Gesandten ungeduldig, ja missmuthig, und verliessen die Stadt. Nun verging ein Monat nach dem andern, ohne dass der Kaiser sein Versprechen einlöste. Er hielt den Grafen von Tripolis durch allerlei Vorwände und sophistische Unterhandlungen hin, bis er endlich nach Verlauf eines vollen Jahres auf eine directe und bestimmte Anfrage desselben antwortete, dass ihm das ganze Heirathsproject gänzlich missfiele, und er so die Verlobung aufhob (XVIII, 31). Graf Raimund, im Innersten gekränkt, dass der Kaiser ihn so zum Besten gehabt und dass derselbe, trotzdem die Sache völlig in's Reine gebracht schien, seine Schwester wie die Tochter eines Gemeinen ohne Grund verschmäht hatte, liess 12 Galeren, die er für die Ueberfahrt seiner Schwester hatte verfertigen und auf's Reichlichste mit Allem versehen lassen, nun bewaffnen und übergab sie Seeräubern mit dem Auftrage, an die kaiserlichen Länder anzufahren und ohne Rücksicht auf Stand, Alter oder Geschlecht Alles niederzumachen, auch Kirchen und Klöster, wo es sei, in Brand zu stecken und überall in gerechter Rache zu rauben und zu plündern. Dies geschah in dem Jahre vor dem Tode König Balduin's, also 1161 (XVIII, 33).

Man wird nicht fehlgreifen, wenn man annimmt (wie auch schon die oben erwähnten Foncemagne und Paulmy, und mit ihnen Diez geglaubt), dass die Gräfin von Tripolis, für die unser Jaufre sich so begeisterte, keine andre als Molisendis, Schwester Raimund's II gewesen ist. Denn man darf mit Recht voraussetzen, dass eine Schmach, wie die oben berichtete, noch dazu einer Prinzessin von den Tugenden und Vorzügen einer Melisende zugefügt, weit und breit Aufsehn erregen· und viel von sich reden machen musste. Natürlich wird das Unglück nicht wenig dazu beigetragen haben, den Ruf von den Reizen der Dame noch bedeutend zu erhöhen, der sich dann durch die Pilger leicht in's Abendland fortgepflanzt und hier die lebhafte Phantasie unseres Jaufre entzündet haben mag. Wenn Melisendis wirklich die in Rede stehende Gräfin von Tripolis gewesen ist, so würde die Reise und damit auch der Tod Jaufre's etwa in den Anfang oder höchstens die Mitte der Sechziger fallen.

---

1) Diese Krankheit, von der Wilhelm von Tyrus nichts erwähnt, ist nach dem Berichte des Chronisten Cinnamus p. 121 wiedergegeben.

Und wie wunderbar trifft es sich, dass das Resultat dieser Berechnung, die wir ganz unabhängig angestellt hatten, in überraschender Weise durch Crescimbeni, Coment. 4 .(und seine Quelle Nostradamus)¹) bestätigt wird, der, ohne es freilich zu begründen, angiebt, dass Jaufre Rudel im Jahre 1162 gestorben sei. Es ist zwar allgemein bekannt, dass beide Literatoren durchaus nicht auf unbedingte Glaubwürdigkeit Anspruch machen können, dass man ihren Notizen vielmehr nur da völlig trauen darf, wo sie noch anderswoher durch authentischere Quellen bestätigt werden. Aber wir werden darum nicht jede ihrer Bemerkungen, bloss aus dem Grunde, weil sie von i h n e n gebracht werden, ohne Weiteres für falsch erklären und möchten daher die in Rede stehende Angabe, die doch zugleich mit dem Ergebnisse von völlig selbstständigen Combinationen vortrefflich übereinstimmt, für ganz oder nahezu richtig halten.

Sind wir denn aber befugt, müssen wir uns doch fragen, der provenzalischen Erzählung überhaupt irgend welche Glaubwürdigkeit zuzuerkennen und haben wir es nicht vielmehr mit einem Roman zu thun, der, jeder historischen Grundlage entbehrend, seine Entstehung einzig der Einbildungskraft eines provenzalischen Erzählers verdankt, welcher durch einen neuerfundenen, pikanten Stoff die Aufmerksamkeit und das Interesse der Leser auf sich lenken wollte? Es möchte allerdings auf den ersten Blick so scheinen. Prüfen wir daher zunächst die Gründe, welche für die Glaubwürdigkeit des Berichtes sprechen. Wir werden uns dabei erinnern müssen, dass wir bei der Abwägung der psychologischen Möglichkeit des Vorfalles nicht die Anschauungen und Ansichten unserer mehr nüchternen Zeit als Massstab anlegen können, sondern dass wir denselben nur aus dem Geiste und dem Geschmack der damaligen Periode beurtheilen dürfen. Nun bedarf es aber keiner besonderen Belege, um zu beweisen, dass für jene Zeit im Allgemeinen, namentlich aber in Bezug auf Liebe und Frauendienst eine ausgesprochene Vorliebe für alles Schwärmerische, Phantastische, Mysteriöse und Abenteuerliche gerade charakteristisch war und dass dabei manchmal Dinge vorgekommen sind, die für unsere Begriffe gerade zu überspannt und unsinnig erscheinen müssen²). Sollte aber

---

1) Nostradamus giebt nach Jahrbuch XIII, 21 allerdings 1562 an, doch macht Bartsch mit Recht darauf aufmerksam, dass dies unzweifelhaft mit Crescimbeni in 1162 zu ändern sei, da Nostradamus die Dichter chronologisch ordnet und Jaufre Rudel die Reihe beginnt.

2) Doch selbst in neuern Zeiten finden wir, namentlich bei dichterischen

auch dies noch nicht genügen, um das Abenteuer a priori, d. h. abgesehen von speciellen Beweisen überhaupt für möglich zu erklären, so möchte dazu vielleicht die Thatsache beitragen, dass uns aus jener Zeit geradezu Vorkommnisse berichtet werden, die sehr an das mit Jaufre erinnern. Am schlagendsten ist in dieser Beziehung das Beispiel des altitalienischen Dichters Dante da Majano, von dem uns ein Liebesverhältniss erzählt wird, welches mit dem Jaufre's die überraschendste Aehnlichkeit hat. Dieser verliebte sich nämlich in die Sicilianerin Nina, ohne sie gesehen zu haben, hauptsächlich, weil sie eine berühmte Dichterin war und zugleich in dem Rufe grosser Schönheit stand. Als er sie um Gegenliebe ersuchte, antwortete sie ihm artig und drückte den Wunsch aus, ihn zu sehen, um zu erfahren, ob sein Herz mit seiner Feder im Einklange stände. Beide wechselten mehrere Lieder und Briefe, und sie gewann den Dichter bald so lieb, dass sie nicht wollte, dass eine Andre sich seiner Liebe rühme und sie nannte sich seitdem „La Nina di Dante." Ob sie sich nachher je gesehen haben, wird nicht erwähnt (Nannucci, Manuale della Letteratura del primo secolo della lingua Italiana. Firenze 1856. Vol. I. pag. 327).

Sodann wird in einer Tenzone zwischen Guiraut de Salignac und Peironnet (Archiv 34, 186 nach A; P. Meyer „Les derniers troubadours de la France" pag. 71 nach f) die Entscheidung gefällt, dass das Gefühl und das Herz viel mehr als die Augen dazu beitrügen, Liebe entstehen zu lassen, und als Beweis und Beispiel dafür wird neben unserm Dichter auch der fabelhafte König Andricus von Frankreich angeführt. Der Prinz Durmart le Galois sodann, ein Held aus dem bretonischen Sagenkreise, verliebte sich in die Königin von Irland, ohne sie gesehen zu haben und ohne dass er wusste, wie sie hiess oder wo sie wohnte, die er vielmehr nur von einem Pilger hatte preisen hören. Diese Beispiele, gleichviel ob historisch begründet oder nicht, bekunden deutlich, dass derartige Erscheinungen mit den Anschauungen der Zeit durchaus nicht im Widerspruche standen. Derselbe Schluss muss auch aus folgenden Versen Matfre Ermengau's de Bezers in seinem Breviari d'amor gezogen werden (Mahn, Ged., I, pag. 198):

Geistern, Fälle, wo sich Liebesverhältnisse zwischen einander persönlich unbekannten Menschen entwickelt haben. Wir erinnern nur an unsern Bürger, welcher im Jahre 1789 im „Stuttgarter Beobachter" durch ein anonymes Gedicht gefeiert wurde, in welchem ein „Schwabenmädchen" seine Begeisterung und Liebe für den Dichter aussprach und dem verlassenen Wittwer ihre Hand anbot.

> Et a vegadas eyshamen
> ama ben hom so, qu'anc no vi,
> ab deszirier coral o ffi
> per le be, quez om en au dir;
> adoncx s'escompren per l'auzir
> amors; dont en Jaufres Rudel
> en un sieu cantar bon e bel
> dieys d'esta raszo enayssi etc.

in denen Matfre also mit voller Unbefangenheit erzählt, dass man zuweilen auch Jemand liebe, den man nie gesehen und als Beleg eben unsern Dichter anführt, ohne auch nur das geringste psychologische oder sonstige Bedenken gegen die Wahrscheinlichkeit einer solchen Liebe und die Glaubwürdigkeit der Worte des Dichters, die er anführt, zu äussern. Die Ansichten des Mittelalters waren eben andre als die heute herrschenden.

Und ist es denn wirklich so unnatürlich, anzunehmen, dass die Erzählung von der schimpflichen Zurückweisung der Prinzessin in unserm Jaufre die lebhafteste Theilnahme erregt hat, da **er ja einst eine ähnliche Behandlung von Seiten seiner Dame erfahren hatte?** Konnte nicht vielmehr ein schmählich verrathener Liebhaber, wie er, sich völlig in den Gemüthszustand der schönen Melisendis hineinversetzen, musste er ihr nicht die herbe Kränkung deutlich nachempfinden und so von dem wärmsten Mitgefühl für sie ergriffen werden? Wie leicht konnte dies Gefühl in ein der Liebe verwandtes übergehen und wie natürlich war es, dass der Wunsch in ihm entstehen mochte, die Dame, die so lange der Gegenstand seiner Sympathie gewesen war, zu der er sich schon wegen des beiderseitigen gleichen Unglücks[1]) so sehr und so warm hingezogen fühlte, von Angesicht zu Angesicht kennen zu lernen und dann vielleicht durch einen Liebesbund die Härten des Schicksals auszugleichen? Alle diese Gefühle hätten dann naturgemäss, dem Geschmacke der Zeit entsprechend, in jener schwärmerischen z. Th. überschwänglichen Weise ihren Ausdruck gefunden.

---

[1]) Vielleicht sind folgende Stellen eines zu Ehren der Gräfin gesungenen Liedes:

> qu'enaissim fadet mos pairis
> qu'ieu ames o non fos amatz (V, 48, 49)

und

> totz sia mauditz lo pairis
> quem fadet qu'ieu non fos amatz (V, 50, 51)

in der Rückerinnerung an die Treulosigkeit seiner Jugendgeliebten geschrieben.

Aber es giebt noch andre Gründe, als diese allgemeinen Erwägungen, die dazu beitragen dürften, die Zweifel an der Wahrheit des ganzen Vorfalles zu heben. Diese liegen zum Theil in den Gedichten Jaufre's selbst, zum Theil in den Zeugnissen der Zeitgenossen. Was erstere betrifft, so soll Jaufre nach der provenzalischen Lebensnachricht „mains vers" über die Gräfin verfasst haben. Sei es nun aber, dass einige derselben verloren gegangen sind, sei es, dass der Ausdruck „mains" nicht allzu wörtlich zu nehmen ist — genug, uns sind nur zwei Lieder erhalten, welche diese Liebe besingen (V und VI), und die uns daher für die Schilderung des Gemüthszustandes des Dichters Hauptquelle sein müssen.

Die „Liebe in der Ferne," versichert er, nimmt so sehr sein ganzes Sinnen und Trachten gefangen, dass er für keine andre Freude, für keine andre Liebe zugänglich ist (V, 45, 46; VI, 9), ja dass der Frühling mit allen seinen Reizen, dem Sang der Vögel, der Blüthe der Bäume und Sträucher nicht mehr auf ihn wirkt als der eisige Winter (V, 1—7; VI, 9). Aber nicht nur ist sein Geist ganz von dieser ungestillten Liebe erfüllt, auch sein Körper leidet darunter, er schmachtet dahin und verzehrt sich in Liebesqualen und Sehnsucht nach der Unbekannten und doch so Theuren (VI, 13—18; 31). So sehr ist er von ihren Vorzügen, die er doch nur aus den Schilderungen der Pilger kennt, durchdrungen und entzückt, dass er nah und fern keine schönere, keine bessere, keine edlere kennt, als sie (V, 10—12), seine Liebe geht so weit, dass er, nur um sie zu sehen, seine Freiheit opfern und als Gefangener in ihr Land geschleppt werden möchte (V, 13, 14). Noch haben seine Augen sie nie erblickt (VI, 10), nie hat er mit ihr gesprochen (VI, 11), nie hat er ihrer genossen (VI, 25) und nicht weiss er, ob ihm dies je zu Theil werden kann (V, 17; VI, 12; 26—28), ob diese Liebe je für ihn ersprießlich enden wird (VI, 30), denn weit sind ihre Länder entfernt (V, 18); er wird daher die Erfüllung dieses Herzenswunsches Gott anheim stellen (V, 21); aber der blosse Gedanke an die Möglichkeit einer solchen versetzt ihn schon in Entzücken, wiederholt malt er sich im Geiste aus, wie er, in einen Pilgermantel gehüllt und mit einem Pilgerstabe in der Hand, sich ihr nahen und sie in Gottes Namen um Herberge bitten wird und wie er, der Geliebte aus der Ferne, dann in ihrer lieben Nähe weilen und mit ihr werde plaudern können (V, 22—28; 33—35; VI, 33, 34; 39, 40). In seinen Träumen werden ihm diese Wünsche schon zur Wirklichkeit: kaum ist er entschlummert, so verlässt sein Geist seine Wohnung und eilt zu der Holden, und so geniesst er schon im Voraus die Seligkeit des Zusammenseins (VI, 19, 20). Diese Träume sind ihm sein höchster Genuss, aber es sind eben nur Träume; kaum ist er erwacht, so verlassen ihn jene schönen Gaukelspiele der Phantasie (VI, 23, 24) und die kalte Wirklichkeit, das Fernsein von dem Gegenstand seiner Träume, berührt ihn dann nur um so schmerzlicher (V, 32); möchte doch Gott ihm die Kraft geben, bald zu ihr zu gelangen (V, 36—40)! Dann würde sein Glück keine Grenzen kennen, dann würde ihm die Welt ein Paradies erscheinen (V, 40—42). Aber er ist vom Schicksal arg heimgesucht worden; denn dies allein ist Schuld daran, dass er hat lieben müssen, ohne Gegenliebe zu finden (V, 43—49; VI, 41, 42). Aber er wird den Vorsatz nicht aufgeben, sie aufzusuchen, führen doch viele Wege zu ihr hin (V, 19); ein Bote solle daher über den Strom Ili zu ihr eilen, um ihn anzumelden (VI, 37), bald werde er selber bei ihr sein (VI, 38).

Der Ili, über den der Dichter seinen Spielmann im Geiste zu der Geliebten sendet, ist jedenfalls wohl der heutige Isle, ein Nebenfluss der Dordogne, welcher südöstlich von Blaye liegt, daher, wie Diez bemerkt, gerade passirt werden musste, wenn man von dort etwa nach Marseille wollte, um sich nach dem heiligen Lande einzuschiffen.

Aber wir finden in demselben Gedichte eine Andeutung, welche höchst wahrscheinlich eine directe Hinweisung auf die Grafschaft Tripolis enthält. In der letzten Strophe von VI versichert der Dichter, dass in Quercy Herr Bertrand und der Graf von Toulouse sein Lied vernehmen würden. Wer der übrigens nur von einigen Handschriften (s. die Lesarten) genannte Herr Bertrand sein mag, ist mir unmöglich anzugeben; dass aber der erwähnte Graf von Toulouse Raimund V (1148—1194) sein müsste, dem allerdings die Landschaft Quercy gehörte, hat schon Diez hervorgehoben. Sollte es aber nun ein reiner Zufall sein, dass Jaufre das Lied, welches seine nahe bevorstehende Abreise (wie wir annehmen) zu der Gräfin von Tripolis, verkündet, zur Kenntniss des Grafen von Toulouse zu bringen wünscht, also eines Verwandten der Gräfin[1], mit dessen Familie er seit dem Kreuzzuge wahrscheinlich in einem Bekanntschafts-

---

1) Folgende Stammtafel mag einen Ueberblick über dies Verwandtschaftsverhältniss geben:

vielleicht Freundschaftsverhältnisse stand?[1]) Wir glauben sicher, dass die Nennung dieses Namens nicht auf einem blossen Zufall beruht, sondern, dass Jaufre, wie dies bei den Troubadours durchaus Sitte war, dadurch andeuten wollte, dass zwischen der genannten Person und dem Inhalte des betreffenden Gedichtes eine gewisse Beziehung existire. Und musste nicht diese Beziehung damals Jedermann deutlich genug sein, wo die Spaltung des Hauses in die Familien Tripolis und Toulouse noch nicht eben alt war, wo sich beide Zweige ihrer nahen Verwandtschaft noch wohl bewusst waren, wo endlich die gegenseitigen Beziehungen durch den lebhaften Verkehr mit dem heiligen Lande fortwährend aufgefrischt und lebendig erhalten wurden? (vergl. die Anm. 1).

Wir gehen jetzt zu den Zeugnissen der Zeitgenossen über, die uns zwar nicht in zu reichlicher Menge vorliegen, aber dennoch dazu beitragen können, die bisher gebrachten Beweismittel zu verstärken. Aus der schon oben (pag. 17) zitirten Tenzone zwischen Guiraut de Salignac und Peironnet geht hervor, dass Jaufre zu den Liebhabern gerechnet wurde, bei denen die Liebe mehr dem Herzen und dem Gefühle als den Augen ihre Entstehung verdankt. Die darauf bezügliche Strophe lautet folgender Massen:

> En Peironet, totz hom d'onrat lignatge
> conois, qel pieitz chausetz de la partia;
> qe tnich sabon qel cors a seignoratge
> sobre los huoills, et auzatz, en cal guia;
> c'amors dels huoills noi vai sil cors nol sen,
> e ses los huoills pot lo cors franchamen
> amar cellui q'anc non vic a presen,
> si cum Jaufres Rudels fetz de s'amia.

Der Verfasser der „Histoire littéraire des troubadours" berichtet sodann über ein anonymes provenzalisches Gedicht, das

---

Raimund IV, Graf von Toulouse, Kreuzfahrer mit Gottfried von Bouillon † 1105

Bertrand {Graf v. Toulouse 1105—1109   Alphons Jordanus, Graf von Toulouse
         {Graf v. Tripolis 1109—1112   1109—1148

Pontius, Graf von Tripolis † 1137   Raimund V, Graf v. Toulouse 1148—1194

Raimund I, Graf von Tripolis † 1152

Raimund II   Melisendis.

1) Alphons Jordanus sowohl als auch sein Sohn Raimund hatten 1146 ebenfalls das Kreuz genommen, waren also mit Jaufre zusammen in Palästina

ich leider nicht habe auffinden können, in welchem sich eine Stelle über unsern Dichter findet, die er folgendermassen übersetzt: „Le vicomte Geoffroi Rudel, en passant les mers pour aller voir sa dame, mourut volontairement pour elle [1])." Wenn wir nun diese Zeugnisse mit den Worten des Dichters, die doch so durchaus den Stempel der Wahrheit und ungeschminkten Natürlichkeit tragen, so wie mit der provenzalischen Lebensnachricht zusammenhalten, wenn wir sehen, dass keins dieser Stücke in irgend einem Punkte mit einem andern in Widerspruch steht, dass sie vielmehr alle völlig zu einander stimmen und sich gegenseitig ergänzen, so möchte in der That vielleicht in uns die moralische Ueberzeugung wach gerufen werden, dass wir es hier mit einem wirklich vorgekommenen Ereignisse und nicht bloss mit einem Produkt der erhitzten Phantasie eines provenzalischen Erzählers zu thun haben. Dies ist auch im Wesentlichen die Ansicht der meisten Literatoren gewesen; anders jedoch fasst Edm. Stengel die Sache auf (cf. seine Ausgabe des altfranzösischen Romans von „Durmart le Galois" pag. 504—507 [2]).

Dieser ist geneigt, die ganze Erzählung von der Liebe Jaufre's zu einer unbekannten Schönen für eine Volkssage zu erklären, die ziemlich verbreitet gewesen sei und die nur auf Grund einiger missverstandener und falsch gedeuteter Aeusserungen aus Jaufre's Werken mit Unrecht von den provenzalischen Biographen auf diesen Dichter übertragen worden sei. Seine Argumentation ist dabei etwa folgende: Niemand könne leugnen, dass sich in die Aufzeichnungen der provenzalischen Biographen, die für mehrere Dichter circa 100 Jahre nach dem Tode fallen, manche sagenhafte Züge eingeschlichen haben, dass öfters die Vermuthung nahe liege, als seien sie aus falsch ausgelegten Andeutungen und excentrischen Aeusserungen der Dichter selbst fabricirt. Als Beispiel führt er die weit verbreitete Sage an, dass das Herz des Geliebten seiner Dame zur Speise vorgesetzt wird, die doch

---

gewesen, wo ersterer im Jahre 1148 durch Gift seinen Tod gefunden hatte. (Wilken, Geschichte der Kreuzzüge III, 230). Ja, dass Jaufre sich sogar wahrscheinlich direct im Gefolge des Grafen von Toulouse befand, ist schon p. 9 Anm. 2 erwähnt worden.

1) Eben derselbe Gelehrte macht darauf aufmerksam, dass auch Petrarca jene Aeusserung bestätige; allerdings findet sich in dessen „Del trionfo d'amore" IV, 52 und 53 folgende Stelle: „Gianfrè (sic) Rudel ch'usò la vela e'l remo A cercar la sua morte"; doch darf man diese Worte wohl kaum als directen Beleg für unsern Fall anführen, da Petrarca für sein Zitat wohl keine andre Quelle als die provenzalische Biographie Jaufre's gehabt hat.

2) Herr Edm. Stengel hat mir gütigst den Aushängebogen zukommen lassen.

auch von jenen Biographen fälschlich auf Guillem de Cabestanh angewendet werde. Könne nicht auch in dem biographischen Berichte über Jaufre Rudel dieselbe Sage in historischem Kleide auftreten, der man in dem Roman von Durmart (siehe pag. 17) und vielleicht schon in dessen Vorlage begegnet? Sei es denn wahrscheinlich, dass ein Ritter, nachdem er schon vor 23 Jahren eine Pilgerfahrt nach dem heiligen Lande angetreten, bei der er eine Geliebte zurückgelassen, noch die tolle Idee fassen könne, ein zweites Mal dahin zu ziehen, nicht, um für das heilige Land zu kämpfen, sondern, um eine nie gesehene Dame aufzusuchen, in die er sich auf die Berichte von Pilgern hin verliebt hatte? Dass ein mittelalterlicher Jüngling derartige abenteuerliche Gedanken habe fassen und ausführen können, begreife man, aber bei einem Manne von circa 50 Jahren werde sich höchstens die Phantasie in dichterischen Ergüssen so weit verstiegen haben, an praktische Ausführung könne er schwerlich je gedacht haben. Und seien denn wirklich die Anspielungen auf diese Liebe in Jaufre's Gedichten so deutlich, dass sie die Biographie bestätigen müssten, dass sie nicht Anlass zu der Erfindung des romantischen Berichtes geliefert, vom Dichter selbst aber nur als ein Phantasiespiel betrachtet worden seien, ein Phantasiespiel, das er selbst aus ihm bekannten Sagen entnommen haben könnte? Zwar erinnere sich der Dichter „d'un' amor de loing;" dass er aber seine Geliebte noch nicht gesehen, stehe nirgends, im Gegentheil deuten mehrere Stellen z. B. „mas tot sia cum lieis platz" auf frühere gegenseitige Bekanntschaft. Aehnliche Anspielungen auf eine ferne Liebe kämen auch in andern Gedichten Jaufre's vor, würden aber von Diez auf einen frühern Liebeshandel bezogen. Sie bezeugten im Gegentheil, dass Jaufre mit demselben Gedanken stets neue Phantasiespiele angestellt und dieselben schliesslich in dem andern, von Diez auf die Gräfin von Tripolis bezogenen Gedichte auf die Spitze getrieben habe, indem er zur Entfernung von der Geliebten auch die bisherige Unbekanntschaft mit derselben hinzufügte. Von einer solchen spreche zwar die zweite Strophe des Liedes „Non sap chantar," aber der ganze Zusammenhang des Gedichtes, die gekünstelten Redeweisen und die Vocalreime widerständen einer reellen Auffassung seines Geständnisses, das vielmehr eine poëtische Fiction darstelle und der Biographie das Material zu dem erwähnten Berichte geliefert habe.

Wir haben den Gang der Beweisführung Stengel's nicht unterbrechen wollen, damit dieselbe in ihrer Totalität auf uns wirken könnte. Wir müssen aber bei aller Anerkennung, welche die obschon kühne, so doch geistreiche Idee und die geschickte Art ihrer Durchführung uns abnöthigt, doch gestehen, dass wir uns zu derselben Auffassung nicht zu bekennen vermögen. Wir möchten uns daher erlauben, die uns aufgestossenen Zweifel und Bedenken gegen dieselbe hier darzulegen.

Hinsichtlich der Treue der provenzalischen Lebensnachrichten wird gern zugegeben werden, dass viele derselben sagenhafte Züge enthalten, dass sich in ihnen, namentlich in jüngeren Versionen, bedeutende Zusätze und willkürliche sachliche Aenderungen finden, wozu allerdings das Leben Guillem's de Cabestanh den besten Beleg liefert; dass aber die ganze in Rede stehende Erzählung sammt allen Einzelheiten d. h. **nicht weniger als Alles, was über unsern Dichter berichtet wird**, gänzlich aus der Luft gegriffen sein sollte, dies anzunehmen, bedürfte es doch wohl stärkerer Beweise als der von Stengel angeführten. Denn die Hypothese, dass ein auch sonst z. B. im Durmart vorkommender Mythus irrthümlicher Weise, auf Grund missverstandener Aeusserungen auf den Jaufre Rudel angewandt sei, ruht doch noch auf ziemlich schwachen Füssen. Stengel giebt nämlich selbst zu, dass über die Entstehungszeit des von ihm edirten Romans ebensowenig wie über dessen Quelle das geringste festzustellen sei. Hat denn nun die Ansicht, dass dieser Mythus sich wie mehrfach (wo denn noch ausserdem?), so auch in der Vorlage zum Durmart gefunden und nicht nur von dem Dichter dieses altfranzösischen Romans auf seinen Helden, sondern auch von den provenzalischen Biographen auf einen Dichter, auf den er zu passen schien, übertragen worden sei, oder gar die, dass der Dichter selbst sich in die Rolle des Helden aus jenem Mythus hineinphantasirt und im Sinne der dann von ihm übernommenen Rolle lyrische Gedichte verfasst habe — wir fragen, hat diese Ansicht mehr Anspruch auf Glaubwürdigkeit als entweder die, dass die Aehnlichkeit beider Episoden mehr zufällig sei oder die (für welche wir uns aussprechen möchten und die übrigens auch Stengel, wenngleich nicht für wahrscheinlich, doch wenigstens für möglich erklärt), dass diese Angabe in der Vorlage entweder gar nicht oder doch weniger romantisch vorgefunden habe und erst von dem Dichter des Romans als besser für seine Zwecke passend nach dem Vorbilde des schon heimgegangenen Jaufre Rudel, dessen Schicksal wohl in Vieler Munde lebte, umgemodelt sei? Wir werden wohl **kaum Bedenken tragen, der letztern mehr Wahrscheinlichkeit zu-**

zusprechen, um so mehr, da die Realität des dem Jaufre zugeschriebenen Erlebnisses noch von andern Seiten her bestätigt wird.

Was nun die psychologischen Bedenken betrifft, die Stengel gegen die Authenticität der Lebensnachricht vorbringt, so haben wir ja selbst zugegeben, dass die Handlungsweise Jaufre's allerdings sehr abenteuerlich, der Entschluss zur Reise von unserm Standpunkte aus gewiss als eine „tolle Idee"-bezeichnet werden muss; dass sie aber darum doch nicht geradezu undenkbar oder gar unmöglich genannt zu werden braucht, glauben wir oben (pag. 14—18) plausibel gemacht zu haben, worauf wir daher verweisen möchten. Nur den einen hierher gehörigen Punkt wollen wir hervorheben, dass nämlich Jaufre seine muthmassliche zweite Reise in's Morgenland nicht 23, sondern wahrscheinlich 15—17 Jahre nach seiner Rückkehr vom Kreuzzuge unternommen hat, er also damals durchaus noch nicht 50 Jahre alt zu sein brauchte, vielmehr höchst wahrscheinlich vierzigjährig oder wenig älter war, ein Umstand, durch welchen die Tollheit der Idee vielleicht etwas gemildert würde.

Während nun Stengel die Zeugnisse der Zeitgenossen, die doch ein nicht unbedeutendes Gewicht in die Wagschale werfen, und die deshalb doch auch hätten beseitigt werden müssen, vollständig ignorirt, macht er den Versuch, nachzuweisen, dass die provenzalische Biographie durch die eignen Worte des Dichters keineswegs bestätigt würde. Dies hätte offenbar der stärkste Punkt seiner Beweisführung sein müssen, weil darin die stärkste Stütze der entgegengesetzten Meinung liegt; uns scheint aber gerade dieser Versuch am wenigsten glücklich ausgefallen zu sein. Denn die Behauptung, dass Jaufre an keiner Stelle wirklich ausspreche, dass er seine Geliebte noch nicht gesehen, ist doch wohl unhaltbar. Wir führen folgende Verse an:

VI, 9—12: qu'el cor joi d'autr'amor non a
mas d'aissella *que anc non vi*,
anc nom dis ver ni nom menti,
ni no sai si ja so fara.

VI, 25—28: Ben sai *qu'anc de leis nom jauzi*,
ni ja de mi nos jauzira
ni per son amic nom tenra
ni coven nom fara de si.

V, 17, 18: Mas non sai coras la verai,
car trop son nostras terras loing.

Aus diesen Stellen geht vielmehr gerade hervor, dass er damals die Dame nicht nur noch nie gesehen oder gesprochen, sondern auch, dass er nicht einmal wusste, ob und wann ihm dies zu Theil werden könnte, weil ihr Land zu weit entfernt sei. Letztere Worte, so wie sein Wunsch, als Gefangener in's Sarazenenland geschleppt zu werden, um die Geliebte zu sehen (V, 13, 14), so wie der andre, wiederholt ausgesprochene, mit Pilgerstab und Pilgermantel angethan, zu ihr zu wallfahren (V, 22—28; 33—35; VI, 33, 34; 39, 40) weisen doch, ohne freilich den Namen zu nennen, sehr deutlich auf eine Dame im Morgenlande, die Erwähnung Raimund's von Toulouse sogar direct auf die Gräfin von Tripolis hin (cf. pag. 20, 21).

Und als sollte auch die letzte Stütze von Stengel's Argumentation fallen, so erweist sich die Stelle, die derselbe aus der Handschrift e als Beweis für eine frühere Bekanntschaft des Dichters mit der Dame anführt, nämlich „mas tot sia cum lieis platz" (V, 21) als unecht, da von den 11 Handschriften, in denen sich diese Strophe findet, nur zwei noch eine gleiche oder ähnliche Lesart haben, wie e, nämlich C das vom Versmasse verlangte „mas tot sia cum a lieys platz" und W, eine sehr schlechte, französirende Handschrift, „or seit de tot si cum li plais" während alle andern, nämlich A B D E J K M R S „mas tot sia cum a dieu platz" lesen.

Nachdem Stengel (unserer Meinung nach vergeblich) versucht, darzulegen, dass aus den betreffenden Liedern Jaufre's eher Beweise einer frühern Bekanntschaft mit der Geliebten als das Gegentheil herauszulesen sei, sieht er sich doch gezwungen, anzuerkennen, dass die erste der oben angeführten Stellen (VI, 9—12) allerdings den Worten nach gegen seine Behauptung zu sprechen scheine. Dieselbe sei aber nicht buchstäblich zu nehmen, nicht reell aufzufassen, sie enthalte vielmehr einfach eine poëtische Fiction, sei ein reines Phantasiespiel, wie es der Dichter auch in andern Liedern anstelle, die Diez irrthümlich auf einen frühern Liebeshandel beziehe. Warum sollten aber, so fragen wir uns, Jaufre's Lieder, die doch sonst der wahrheitsgetreue Ausdruck der Gefühle und Empfindungen sind, die sein Inneres bewegen[1]), gerade in Bezug auf dieses Ereigniss

---

[1]) Denn dass in seinen frühern Gedichten von keinem Phantasiespiel und durchaus 'nicht, wie Stengel annimmt, von derselben „Liebe in der Ferne," sondern einfach von einer Geliebten die Rede ist, die nicht an des Dichters Aufenthaltsort wohnte, mit der er aber, wenngleich er sie nicht häufig sehen konnte, doch regen Verkehr hatte, haben wir in der Biographie bewiesen (pag. 4).

zu einem blossen Phantasiespiel herabgedrückt werden? Warum sollen wir von dem, der uns in den übrigen von ihm erhaltenen poëtischen Ergüssen stets zum Vertrauten und Theilnehmer seiner Leiden und Freuden gemacht hat, voraussetzen, entweder, dass er in seinen beiden letzten Gedichten, etwa aus Rücksicht auf die künstlichen Redeweisen und die Vocalreime gerade das Gegentheil von dem gesagt, was er gemeint, oder gar, dass er sich in die Situation eines sagenhaften Helden hineinstudirt und gewissermassen aus dessen Seele seine Lieder gesungen habe? Man sieht, Stengel wird, um seine Hypothese halten zu können, von einer Annahme zur andern gedrängt, deren eine sich jedoch immer nur durch die andre zu halten vermag. Werden dieselben im Stande sein, die Glaubwürdigkeit des oben als wahrscheinlich dargelegten Verlaufes zu erschüttern? Wir denken nein! so lange nicht zwingendere Beweise vorgeführt werden. Mit demselben Rechte also, wie wir oben die Theilnahme Jaufre Rudel's am zweiten Kreuzzuge 1147 für höchst wahrscheinlich hingestellt haben, werden wir auf Grund genau derselben Zeugnisse, nämlich der Worte des Dichters selbst und deren Bestätigung durch die Zeitgenossen, die Zuverlässigkeit der provenzalischen Erzählung für höchst wahrscheinlich halten und demnach glauben, dass Jaufre wirklich aus Neigung zu der unbekannten Schönen die Reise in den Orient angetreten habe, unterwegs erkrankt und dort in den Armen der Dame verschieden sei. Dass diese schwärmerische Neigung des fremden Prinzen nicht ohne Wirkung auf das Herz der Gräfin bleiben mochte, wird wohl nicht überraschen, um so weniger, als sein leidender Zustand, der als eine mittelbare Folge jener Schwärmerei angesehen werden musste, ihr jedenfalls lebhafte Theilnahme eingeflösst hat.

Wie natürlich musste es daher sein, dass, als diese frisch aufspriessende Hoffnung auf Begründung eines wahrhaft befriedigenden Lebensglückes durch den Tod Jaufre's im Keim erstickt wurde, sie auch den letzten Rest von Lebenslust, der ihr nach der kränkenden Zurückweisung noch geblieben sein mochte, vollends verlor und beschloss, nunmehr der Welt und ihren Interessen den Rücken zu kehren, um im Kloster sich der Beschaulichkeit und der Vorbereitung auf ein künftiges Leben zu weihen!

Ehe wir von dem Dichter Abschied nehmen, möchten wir noch einige Worte über den ästhetischen Werth seiner Lieder hinzufügen. Wir glauben, es wird uns Jeder beistimmen, wenn wir unser Bedauern aussprechen, dass verschiedene derselben, deren einstige Existenz wir mit Grund annehmen konnten (siehe pag. 11 und 19) verloren gegangen sind. Was die uns erhaltenen betrifft, so wird schon die kurze Analyse, die wir von einzelnen derselben oben gegeben, in uns die Ueberzeugung wachgerufen haben, dass das Urtheil Rochegude's im „Parnasse occitanien" (pag. 22), als seien Jaufre's Gedichte „au dessous du médiocre" wohl kaum gerecht sein dürfte, dass dieselben vielmehr stets den warmen, unmittelbaren und ungefälschten Ausdruck von des Dichters Herzensstimmung darbieten, daher nicht nur unbedenklich den bessern Gedichten der Troubadours an die Seite gestellt werden können, sondern auch, wenn wir einen allgemeineren Massstab anlegen, immer noch einen ehrenvollen Platz unter den Erzeugnissen der lyrischen Muse einnehmen werden.

II.

Metrik.

Die Metrik Jaufre Rudel's ist im Allgemeinen sehr einfach, der complicirte Strophenbau mit künstlichen Reimverschlingungen, wie er sich bei spätern Dichtern zu einer schliesslich übertriebenen Mannichfaltigkeit entwickelt hatte, war ihm, da er auf der Grenze zwischen der Entwickelungs- und Blüte-Zeit der provenzalischen Poesie steht, noch durchaus fremd. Es wird daher auch nicht überraschen, dass mit Ausnahme des Kreuzliedes (I), das den Siroentesen zuzurechnen ist, und einer Canzone (II) die von ihm ausschliesslich angewendete Gedichtgattung die älteste, d. h. der „Vers" war, wenigstens wenn man an der aus Aimeric de Pegulhan's Worten (Mahn, Werke etc. I, 172) deducirten Definition festhält, wonach für den „Vers" Zeilen zu vier Hebungen, jambisches, selten mit trochäischem gemischtes Metrum, endlich männlicher, selten mit weiblichem wechselnder Reim charakteristisch ist (Diez, Poesie etc. pag. 106). Wenn die Leys d'amors (I, 338) erklären „Vers es un dictatz en romans que compren de V coblas a X amb una oz am doas tornadas e deu tractar de sen, d'amors, de lauzors o de reprehensio per donar castier," so passt dies zwar auch völlig auf die „Vers" Jaufre's, doch tritt in den Leys der Unterschied zwischen dem „Vers" und der Canzone nicht deutlich hervor, da es dort von letzterer heisst (I, 340) „chansos es us dictatz que conte de V a VII coblas e deu tractar principalmen d'amors o de lauzors am bels motz plazens et am graciozas razos." Wenn nach Aimeric's Meinung der „Vers" sich von der Canzone durch seine gemessenere, langsamere Melodie unterscheiden soll, ein Kriterium, das freilich für uns bisher unzugänglich ist, so widersprechen dem die Leys vollständig; zwar stellen sie nämlich in Bezug auf die Melodie des „Vers" folgende Forderung auf: „vers deu haver lonc so o pauzat e noel amb belas e melodiozas montadas e deshendudas et amb belas plassadas e plazens pauzas", aber von der Canzone sagen sie nicht minder „chansos deu haver so pauzat, ayssi quo vers." Nach den beiden Definitionen der Leys würde sich vielmehr als einziger Unterschied der beiden Liedergattungen die Anzahl der Strophen herausstellen, die bei der Canzone sich zwischen 5 und 7 bewegen soll, bei dem „Vers" jedoch weniger beschränkt ist. Die Verse (Leys „bordos") Jaufre's zeigen ebenfalls keine grosse Mannichfaltigkeit, sie haben ohne Ausnahme vier Hebungen und zwar überwiegt bei Weitem der achtsilbige Vers mit jambischem Metrum d. h. männlichen Reimen, mit welchem die provenzalische Lyrik in Anlehnung an die Volkspoesie, aus der sie hervorgegangen ist, überhaupt beginnt (Diez, altroman. Sprachdenkmale 91). Die Lieder III, IV,.V, VI bestehen ganz, I zum grossen Theil aus diesem Verse. Derselbe Vers von vier Hebungen, aber mit trochäischem Charakter und weiblichem Reim findet sich in I und II. Fügen wir nun noch den siebensilbigen Vers mit trochäischem Rhythmus und männlichem Schlusse, der sich also von dem zuletzt erwähnten nur durch die ihm fehlende unbetonte Schlusssilbe unterscheidet, hinzu, wie er sich, mit andern gemischt, in II findet, so haben wir die bei Jaufre vorkommenden Versarten erschöpft.

Wie schon aus dieser Zusammenstellung hervorgeht, ist eine Vermischung verschiedenartiger Metren bei Jaufre durchaus gegen die Regel; denn, während in 4 Gedichten durchweg derselbe jambische Achtsilbler gebraucht wird, kommen in einem andern (II) nur trochäische Verse von vier Hebungen vor, darunter immer zwei in jeder Strophe, denen die letzte unbetonte Silbe fehlt, und nur in einem einzigen Liede (I) kommen Trochäen und Jamben zugleich vor.

Die Vermeidung des Hiatus scheint unserm Dichter nicht besonders am Herzen gelegen zu haben, wenigstens findet sich derselbe in allen seinen Gedichten reichlich vertreten. Man muss dabei allerdings unterscheiden, ob der erste der beiden zusammentreffenden Vocale elidirbar ist oder nicht. Im zweiten Falle hat der Hiatus durchaus nichts Anstössiges und wird unbedenklich von allen Dichtern angewandt. Auch die meisten der bei Jaufre vorkommenden Beispiele gehören in diese Kategorie, wobei oft sogar noch der erste der beiden Vocale betont ist. So finden wir: soi envejos I, 8; lai ai I, 17; i atanha I, 27; vai esperden I, 32; sai entre I, 38; vi hom I, 42; soi en I, 45; sai e I, 54; vau al II, 11; Beiriu e II, 34; mi et III, 2; jai e III, 18; sui enantitz III, 20; noi a III, 23; ai en III, 24; lai ab III, 36; verai iou III, 39; ve o (ve = venit, daher das e nicht elidirbar ist) III, 44; abdui en III, 48; ieu au III, 50; mi es IV, 4; ai ieu IV, 8; joi e IV, 8; jamai alhor IV, 10; querai autrui IV, 11; qui aten IV, 13; ai estat IV, 15; vei o IV, 19; ai aquelh IV, 20; cui icu IV, 23; n'ei obeditz IV, 23; dicu e IV, 25; sui escharitz IV, 29; fui assalhitz IV, 39; soi en IV, 43; lai el V, 13; i a V, 19; plai albergarai V, 24; qu'ieu ames V, 49; s'ieu am VI, 8; joi aitan VI, 29; siei anc VI, 35; quei es VI, 44.

Seltener sind diejenigen Fälle, wo der erste Vocal elidirbar, also e oder a ist. Auch in diesem Falle verträgt der Hiatus sich sehr gut mit dem Wohlklange, sobald der Ton auf dem e oder a ruht, wie in fresca ab I, 40; traire auctor IV, 38. Ungewöhnlicher ist dagegen der Hiatus sonst nach unbetontem e oder a; wir haben dafür bei Jaufre 4 Beispiele gefunden: que ab II, 27; dia esclarzitz III, 42; cambra el V, 41; que anc VI, 10. Synalöphe endlich findet statt: I, 40 fresca ab; I, 56 segura escola; III, 54 bona es.

Die Cäsur (Leys: pauza suspensiva[1]) unterliegt bei den achtsilbigen Versen keiner so strengen Regelung, wie bei den Dekasylaben. Die Leys sagen darüber I, 136 „cant bordos de VIII sillabas han pauza, adonx aqui on es la pauza, fassa hom accen agut; e cant bordos de VIII sillabas no recep pauza, deu hom gardar, qu'en la terssa sillaba pauza hom accen agut o greu e non ges accen lonc, quar lag sona." Hiernach kann die Cäsur hinter der vierten Silbe nach Belieben eintreten oder nicht; tritt sie ein, so soll sie den accen agut haben, also männlich sein, tritt sie nicht ein, so soll darauf geachtet werden, dass die dritte Silbe den accen agut oder greu habe, d. h. unbetont oder scharf d. h. kurz betont werde; dagegen soll man sich davor hüten, an diese Stelle einen langen Vocal zu bringen, weil dies hässlich klinge. Als Beispiel solcher unmelodischen Verse geben sie: „Ja de lou no vendras albas" und „si mezura vols en tot cas." Zwar, fügen sie hinzu, werde die Regel in Bezug auf die Verse ohne Cäsur nicht immer streng beobachtet, doch seien die Gedichte, in denen es geschehe, correcter. Danach würden die Leys Verse wie: e remira sa par soven I, 4; que cell cui Jhesus ensenha I, 55; per lo dous termini suau III, 5; qu'ieu la sai bona tot aitau III, 13; quar non ai so qu'al cor n'aten III, 16; s'alqun joi

---

[1] Leys I, 130: Pauza suspensiva es aquela qu'om fay en lo mieg d'un bordo per far alquna alenada.

nou ai en breumen III, 24 u. s. w. für nicht ganz correct erklären. Belege einer Cäsur nach der vierten Silbe sind I, 2, 5, 10, 12, 24 etc. Ein Mittel, den Reiz und den Wohllaut einzelner Verse zu erhöhen, ist die Alliteration, welche von den provenzalischen Dichtern ziemlich häufig angewandt wurde und die auch unserm Jaufre nicht unbekannt war, wie folgende Stellen beweisen: I, 26, 39, 45; III, 41; IV, 13, 25; V, 11, 26, 36 u. s. w. Nicht weniger liebt er die Wiederholung desselben oder eines stammverwandten Wortes, durch welche dem Verse eine gewisse Emphase, ein gewisses Pathos verliehen wird. Einige der hierher gehörigen Fälle sind zugleich neue Beispiele für die Alliteration: jauzen jojos I, 3; bon' ab bon saber I, 14; jau jauzitz jauzen I, 18; jauzens jauzitz III, 12; bon talant e bon albir III, 31; mas tart mi ve e tart mi ditz III, 44; er ai ieu joi e sui jauzitz IV, 8; que selh es ..., qui ..., e selh es ..., qui ... IV, 13, 14; lai mi remanh e lai m'apais IV, 28.

Was über die Strophen und Reime zu sagen ist, glauben wir am besten an eine gesonderte Besprechung der einzelnen Lieder anknüpfen zu können. Wir schliessen uns dabei der Methode an, welche Prof. Tobler in Berlin in der von ihm geleiteten romanischen Gesellschaft befolgt. Derselbe wendet nämlich auf den provenzalischen Strophenbau dieselben Prinzipien an, die Dante in seiner Schrift „De vulgari eloquentia" in Bezug auf die italienische Poesie entwickelt, ein Verfahren, das durchaus nicht auffallen wird, wenn man erwägt, ein wie enger Zusammenhang zwischen der italienischen und der provenzalischen Lyrik bestand.

I.

Das Gedicht besteht aus 8 Strophen, kann also schon deswegen keine Canzone sein (cf. pag. 30). Es ist vielmehr mit Rücksicht auf seinen Inhalt ein Sirventes zu nennen. Jede Strophe zählt 7 Verszeilen von je 8 Silben. In jeder Strophe findet sich nach Dante's Ausdruck eine Diesis oder Volta, weil sie die Wiederholung eines musikalischen Theiles enthält, so dass die Strophe, da die Wiederholung vor der Volta eintritt, aus 2 pedes zu je 2 Versen und einer cauda von 3 Versen besteht. Bezeichnet man den achtsilbigen Vers mit kleinen lateinischen Buchstaben, die Diesis durch ein Semikolon und trennt man die pedes durch ein Kolon, so ergiebt sich folgende metrische Formel für die

Strophe: ab : ab ; bcd. Die Reime der pedes würden die Leys in Bezug auf ihre Reihenfolge „verkettete Reime", rims encadenatz, nennen (I, 168). Da ferner der erste Vers der cauda seinen Reim aus den pedes entnimmt, er also gleichsam die Vermittelung, die Verbindung zwischen beiden Theilen bildet, so wird er aus diesem Grunde von Dante „concatenatio" genannt. Die beiden letzten Verse werden nicht in der Strophe selbst gebunden, sondern erst durch die entsprechenden Verse der anderen Strophen; man nennt solche Verse wohl „Körner"; Dante nennt sie „claves", die Leys „rims espars" [1]).

Da alle Strophen an den correspondirenden Stellen denselben Reim zeigen, eine Eigenthümlichkeit, die sich im Provenzalischen fast durchgängig findet, so würden dieselben von den Leys (I, 270) mit dem Ausdruck „coblas unisonans" bezeichnet werden. Die Reime sind nach Benennung der Leys [2]) „rims sonans leyals," zum Theil auch „consonans leyals", wie jojos — envejos I, 3, 8 ; folhos — meravilhos I, 1, 17 ; cossiros — amoros — aventuros I, 15, 36, 45 ; cochos — delechos I, 22, 50 ; prezen — jauzen — plazen I, 11, 18, 37 ; gen — fugen I, 5, 25 ; valen — len I, 9, 26 ; durmen — ardimen I, 16, 33 ; queren — guiren I, 44, 47 ; remaner — tener I, 28 — 56.

Einige Male kommt auch ein „rims leonismes simples con, accen agut", d. h. ein solcher männlicher Reim vor, bei dem auch der der Reimsilbe vorhergehende Vocal so wie der dazwischen stehende Consonant gleich sind: jazer — plazer I, 7, 42 ; valen

---

1) Streng genommen deckt der Ausdruck „rims espars" nur die Eigenschaft der „Körner", dass sie in der eignen Strophe nicht gebunden werden, die Leys nehmen nicht darauf Rücksicht, ob dies in den folgenden Strophen geschieht oder nicht (I, 174, 176).

2) Die Leys (I, 140) definiren den Reim folgendermassen: „Rims es certz nombres de sillabas, ajustat a luy autre bordo per pario d'aquela meteysa acordansa e paritat de sillabas o de diversas, am bela cazenza", sie sehen also in ihm nicht eine vorhandene Erscheinung, nicht die Uebereinstimmung des Lautes, einen Gleichklang, sondern ein Verhältniss zwischen zwei Versen, die z. B. gar nicht einmal untereinander zu reimen brauchen. Letzteres wird erst völlig klar durch eine Erläuterung, welche die Leys, um Missverständnisse zu verhindern, der Definition hinzufügen: „e can ditz ,o de diversa', es entendut a l'acordansa et a la paritat de sillabas, de que havem parlat" und ausdrücklich versichern, dass, selbst wenn auch gar kein Gleichklang stattfinde, die betreffenden Verse doch nicht aufhörten „rim" zu sein. Was bei uns Reim heisst, ist daher für sie nur eine Art des „rims", nämlich „rims acordans"; es sollte demnach eigentlich sämmtlichen Benennungen von Reimarten, die wir den Ausdrücken der Leys entlehnen, das Wort „acordans" vorgeschoben werden, was wir jedoch der Bequemlichkeit wegen unterlassen.

— talen I, 9, 30; ardimen — guerimen I, 33, 53; nien — escien I, 19, 54.

Reime endlich desselben Wortes und zwar nicht, wie es die Leys gestatten würden, in verschiedenen Bedeutungen (rims equivocs) erlaubt sich Jaufre mehrfach: teigna I, 27, 34; enseigna I, 20, 41, 55; saber I, 14, 21; plazen I, 37, 40; jauzen I, 18, 46.

II.

Das Lied scheint sehr beliebt gewesen zu sein, wie nicht nur aus der grossen Zahl von Handschriften, die es überliefert haben, sondern auch aus der Menge von unechten Strophen geschlossen werden muss, die ihre Entstehung offenbar dem Wunsche der Sänger verdankten, ihren Zuhörern immer neue Strophen des gern gehörten Liedes vorzuführen. Wir werden die Gründe, welche uns gewisse Strophen für unecht erklären liessen, weiter unten aufführen und berücksichtigen daher zunächst nur die unzweifelhaft echten derselben. Danach besteht das Gedicht aus 5 Strophen, jede Strophe aus 7 Verszeilen, jede Verszeile aus 7 Silben[1]), davon die zweite und die vierte mit männlichem Reim (accen agut), alle übrigen mit weiblichem (accen greu). In Anbetracht der Zahl der Strophen, so wie des Umstandes, dass der weibliche Reim überwiegt, werden wir daher das Gedicht der Classe der Canzonen zurechnen.

Eine Theilung der Strophe wird im vorliegenden Falle nicht möglich sein. Man könnte nämlich höchstens an die Theilung in eine frons von 4 und eine cauda von 3 Zeilen denken, wobei die erste Zeile der cauda die concatenatio bilden würde; dem widerspricht aber einmal der Umstand, dass auch der sechste Vers (also der zweite der eventuellen cauda) mit Vers 3 reimt, sodann aber namentlich der, dass der Inhalt es nicht immer gestattet, hinter der vierten Zeile, wie es die Diesis verlangen würde, einen Einschnitt zu machen, d. h. eine Interpunction zu setzen, da man dadurch beispielsweise in Strophe 1, 2 und 3 die Glieder eines und desselben Satzes auseinanderreissen würde.

Da immer je zwei aufeinanderfolgende Strophen sich in Be-

---

1) Diese Zahl ergiebt sich nur, wenn wir der provenzalischen Zählungsweise folgen, da die Leys die unbetonten Schlusssilben nicht mitrechnen; Dante hingegen zählt dieselben nicht nur in diesen Versen, sondern auch in denen mit männlichem Schluss, wo er sie also gleichsam erst ergänzt, so dass nach ihm das vorliegende Gedicht ausschliesslich achtsilbige Verse haben würde.

zug auf die Reihenfolge der Reime entsprechen, so haben wir ein Beispiel der sogenannten coblas doblas (Leys I, 264). Der Strophenbau erhält sogar eine gewisse Künstlichkeit dadurch, dass bei dem zweiten Strophenpaar dieselben Reime wie in dem ersten gebraucht werden, aber mit Ausnahme des letzten in einer andern Reihenfolge. Bezeichnen wir nämlich den siebensilbigen Vers mit grossen lateinischen Buchstaben und den weiblichen Schluss durch das Zeichen ˘, so stellt sich für Strophe 1 und 2 die Formel A˘ B C˘ D A˘ C˘ E˘, für Strophe 3 und 4 die Formel C˘ D A˘ B C˘ A˘ E˘ heraus. Dann muss allerdings auffallen, dass Strophe 5 keine Correspondenz hat, oder vielmehr, dass sie in ihrem Bau sich an 3 und 4, gewissermassen als dritte, anschliesst. Der Grund hierfür ist darin zu suchen, dass diese Strophe ihrem Inhalte nach, der sich nur auf die Uebersendung des Liedes bezieht, ganz den Charakter eines Geleites trägt, daher auch wie ein solches behandelt wird, d. h. sich in den Reimen nach der unmittelbar vorhergehenden Strophe richtet. Solche Geleitstrophen sind in Gedichten, die kein wirkliches Geleit haben, nichts ganz Ungewöhnliches (s. Diez, Poesie etc., pag. 94).

In ihrer eignen Strophe werden nur zwei Verse (A˘ und C˘) gebunden, die drei danach übrig bleibenden sind Körner.

Die männlichen Reime gehören zu den rims sonans leyals, die weiblichen meist zu den rims leonismes simples, doch kommen auch mehrfache Beispiele von leonismes perfieitz vor, z. B. II, 3—13; 6—22; 10—15—19; 20—31; eins sogar II, 17—34, das die Leys „rim mays perfieg" nennen würden.

Es bleibt noch übrig, von den unechten Strophen dieses Liedes zu sprechen. Die meisten derselben, nämlich 6, 7, 8, 10 documentiren sich von vorn herein als unecht, weil sie in Bezug auf den Strophenbau von dem in diesem Liede beobachteten Gesetze abweichen, wozu noch kommt, dass einige von ihnen noch andre metrische Unregelmässigkeiten aufweisen. Zweifelhaft könnte man höchstens in Bezug auf 9 sein, da dies durch eine kleine graphische Aenderung zu einer Uebereinstimmung mit Strophe 5 gebracht werden kann, also etwa diese zu einem Paar ergänzen könnte. Dagegen spricht, abgesehen von inneren Gründen, so wie von dem Umstand, dass der fünfte Vers derselben eine Silbe zu viel hat, besonders die Thatsache, dass diese Strophe nur in einer einzigen, noch dazu sehr mittelmässigen Handschrift (U) enthalten ist, während alle echten Strophen von mindestens 9, zum Theil von 11 Manuscripten überliefert sind.

III.

Das Gedicht besteht aus 7 Strophen, jede Strophe aus 8 Zeilen, jede Zeile aus 8 Silben mit männlichem Schluss (accen agut), es ist daher wohl zu den „vers" zu rechnen. Die Theilung ergiebt sich naturgemäss in zwei pedes zu je zwei Versen mit rims encadenatz und einer cauda zu vier Zeilen. Als fehlerhaft muss dabei bezeichnet werden, dass in Strophe 4 der Sinn auf die Diesis keine Rücksicht nimmt, auch Strophe 1 ist in dieser Beziehung nicht ganz correct. Ein Geleit findet sich nicht. Die Strophen sind, wie in I, coblas unisonans. Es ergiebt sich demnach, wenn wir die in I vorgeschlagenen Bezeichnungen beibehalten, folgende metrische Formel: ab:ab; ccde, aus welcher hervorgeht, dass jede Strophe zwei Körner enthält. Der Reim ist zum grössten Theil rims sonans leyals, doch kommen auch Beispiele von rims consonans leyals vor, z. B. III, 2—26—36; 12—50; 24—40 und von leonismes simples, z. B. III, 1—19; 18—52; 6—46. Ein rims equivocs erscheint in cors — cors III, 41—43; ein unerlaubter, d. h. Reim eines Wortes mit sich selbst (motz tornatz en rim) III, 21—54.

Schliesslich verdient noch hervorgehoben zu werden, dass Jaufre sich in diesem Gedichte Provincialismen hat zu Schulden kommen lassen, indem er zu den Reimen auf au (dem fünften und sechsten jeder Strophe) Wörter verwandte, welche sonst die Endung —al zeigen, ein Gebrauch, den die Leys für specifisch gascognisch und deshalb für fehlerhaft erklären; sie sagen nämlich II, 208: „Alqu dizon qu'om pot dire en rima leyau per leyal, e nos dizem que en rima ni fora rima no deu hom diro mas leyals, quar liau es motz gasconils; quar leumen li Gasco viro e mudo l cant es en fi de dictio en u, coma nadau per nadal, vidau per vidal, hostau per hostal o leyau per leyal."

In demselben Sinne spricht sich der provenzalische Grammatiker Raymond Vidal (ed. Guessard, pag. 85) darüber aus, obwohl viel weniger scharf, weshalb auch jene Worte der Leys vornehmlich gegen ihn gerichtet sind: „Paraulas i a don hom pot far doas rimas aisi con: leal etc.; et pot hom ben dir, qi si vol: liau etc. Aisi trobam qe o an menat li trobador; mas li primier, so es leal etc. son li plus dreig."

Folgende Reime Jaufre's würden daher nach dem Urtheile der Leys unzulässig, nach dem Vidal's nicht ganz correct sein: aitau — loguau — corau — leyau — mau — cau — sau. In der fünften Strophe hat auch die Handschrift e die Formen auf —al wieder hergestellt.

IV.

Das Gedicht zählt 8 Strophen, ist daher schon aus diesem Grunde der Gattung der „vers" zuzurechnen. Jede der 8 Strophen besteht aus 7 Versen zu je 8 Silben mit männlichem Reim. Eine Theilung dieser Strophe würde nach Dante's Meinung nicht möglich sein. Derselbe unterscheidet nämlich in Rücksicht auf die Singbarkeit nur erstens Strophen, die nach einer stetigen Melodie gehen, bei welchen also keine Wiederholung eines musikalischen Theiles stattfindet, und zweitens solche, die eine Diesis enthalten, welche jedoch nur da vorkommen kann, wo eine musikalische Wiederholung stattfindet, und zwar entweder vor oder nach oder zugleich vor und nach der Diesis. Eine zweitheilige Strophe kennt er also nicht. Trotzdem werden wir kein Bedenken tragen, die deutlich hervortretende Theilung in eine frons von 4 und eine cauda von 3 Versen vorzunehmen, um so mehr, da in allen Strophen, mit Ausnahme vielleicht von 5 und 8, wo man nur ein Komma setzen wird, hinter dem vierten Verse schon durch den Inhalt eine starke Pause verlangt wird.

In Bezug auf den Strophenbau hat dies Lied eine gewisse Aehnlichkeit mit II; auch hier haben wir coblas doblas, d. h. Strophen, die paarweise gleich gebaut sind, und, da wir im Ganzen 8 Strophen haben, so gleicht das zweite Paar (Str. 3 und 4) dem Paar 1, das vierte Paar (Str. 7 und 8) dem Paar 2. Auch hier entnehmen Paar 2 und 4 ihre Reime aus Paar 1 und 3, und zwar ordnen sie dieselben, ganz wie in II, nach einer z. Th. andern Reihenfolge; doch während in II nur der letzte Vers durch das ganze Gedicht denselben Reim behält, geschieht hier dasselbe mit der ganzen cauda, also den 3 letzten Versen. Die Formel wird daher für Str. 1, 2, 5, 6: abba; ccd, für 3,4,7,8: baab; ccd lauten. Es reimen demnach alle Verse in der eignen Strophe, nur der letzte ist ein Korn.

Der Reim ist auch hier der schon mehrfach erwähnte rims sonans leyals, jedoch vermischt mit consonans leyals, z. B. IV, 1—32; 9—15—25; 6—55; 26—27 und leonismes simples, z. B. IV, 8—52; 30—53; 27—41; ein rims equivocs ist sen (sentio) — sen (sensus) IV, 19—47; gleiche Reime cominalmen IV, 48—54 und escien IV, 12—34.

V.

Das Gedicht besteht aus 7 Strophen und einer Tornada. Jede Strophe ist aus 7 Versen zusammengesetzt, jeder Vers aus 8 Silben und hat männlichen Schluss, weshalb wir das Lied zu den „vers" rechnen werden. Eine Theilung der Strophe wird 2 pedes zu je 2 Zeilen mit verketteten Reimen, wie in I, III, und eine cauda zu 3 Zeilen ergeben. Die Tornada beobachtet genau die Regel der Leys, dass sie in Bezug auf den Bau und Reim sich nach dem letzten Theil der vorhergehenden Strophe richten solle, denn sie stimmt in dieser Hinsicht völlig mit der cauda der übrigen Strophen überein.

Da das Gedicht coblas unisonans hat, so ergiebt sich dieselbe metrische Formel für alle Strophen, nämlich a b : a b ; c c d, aus welcher hervorgeht, dass die letzte Zeile ein Korn ist. Dieser Stropheneintheilung fügt sich jedoch Strophe 6 nicht, da der Satz mit dem vierten Verse nicht zu Ende ist, sondern über die Diesis hinwegreicht.

Ueber den Reim ist nichts besonderes zu bemerken, wir haben wieder rims sonans leyals, neben einigen consonans leyals, z. B. V, 8—17—24—29; 13—27—40; 33—48; 7—28—42, einen leonisme simple V, 14—49 und einen equivoc V, 12—26.

Endlich haben wir in diesem Gedichte ein Beispiel für den Gebrauch von Refrainworten, ein Gebrauch, welcher schon bei den ältesten Dichtern vorkommt und sich von da an erhalten hat. Er besteht darin, an einer bestimmten Stelle jeder Strophe ein oder mehrere Worte zu wiederholen, durch welche der Dichter gewissermassen fort und fort in's Gedächtniss zurückruft, was ihn am meisten innerlich bewegt. Dass in Bezug auf Stelle und Zahl dieser Refrainworte resp. Refrainverse eine grosse Freiheit herrschte, beweisen die Worte der Leys (I, 286), über solche coblas retronchadas: „cobla retronchada es dicha, can en la fi de cascun bordo o de dos en dos o de tres en tres o de mays segon ques volra aquel que dictara oz en la fi de cascuna cobla hom retorna una meteyssa dictio o can en cascuna cobla hom retorna un meteysh bordo o dos." Beispiele andrer Refrainworte liefern Marcabrun „escoutatz", Mahn W. I, 50, Raimbaut d'Orange „lenga" (Bartsch, Chrest. 63); Peire Rogier „leis" (Bartsch, 77); Bertran de Born „marrimen" „engles" „ira" (Bartsch, 110), Raimbaut de Vaqueiras „crotz" (Bartsch, 121), Gaucelm Faidit „coratge"

(Bartsch, 137), Folquet de Lunel (ed. Eichelkraut, 24) „Maria"
u. s. w. Dieser Gebrauch ist jedoch nicht erst von den Troubadours erfunden, sondern aus den Kirchenliedern und dem Volksgesang herübergenommen (Diez, Poesie etc. 92; F. Wolf, Lais etc. 18 und 34).

VI.

Das Lied besteht aus 8 Strophen und einem Geleit, ist daher aus diesem Grunde und wegen seiner durchgängig männlichen Reime ein „Vers" zu nennen, um so mehr, als es sich v. 43 und 49 selbst so nennt. Jede Strophe besteht aus 6 achtsilbigen Versen. Eine metrische Theilung der Strophe ist nicht möglich; zwar scheint nämlich die Tornada durch ihren Bau auf eine Theilung in frons zu 4 und cauda zu 2 Zeilen hinzudeuten, aber einmal widerspricht dem der Inhalt einiger Strophen, sodann aber der Reim, der in der cauda ganz mit der ersten Hälfte der frons übereinstimmen würde. Die metrische Formel ist daher, und zwar für alle Strophen, abbaab; die Reime wird man also in Bezug auf ihre Reihenfolge rims crozatz nennen.

Wie aus der Formel erhellt, kommen in jeder Strophe und, da wir coblas unisonans haben, sogar durch das ganze Gedicht nur 2 Reime vor. Dass diese dem Liede ein eigenthümliches Gepräge geben werden, wird man um so eher glauben, wenn man hört, dass sie obencin sämmtlich Vocalreime auf a und i sind. Erhöht wird der Reiz noch durch ein Echo, das am Ende jeder Strophe das —a des Schlussreims gleichsam zweimal wiederhallt. Jaufre selbst erklärt v. 43, 44, 49 das Lied für gelungen und bittet Die, welche es von ihm lernen werden, um Pietät für dasselbe.

Der Reim ist wieder sonans leyals, gemischt mit consonans leyals, z. B. VI, 5—35—46; 4—13—28; 3—24; 6—12—14—36 —38—45; 20—33, und mit leonismes simples: VI, 15—26; 27—30. Zweimal Reim desselben Wortes: VI, 32—44; 39—42.

III.
Text.

Die provenzalische Lebensbeschreibung nach A[1])BJK.

Jaufres Rudels de Blaja si fo mout gentils hom, princes de Blaja. Et enamoret se de la comtessa de Tripol ses vezer, per lo bon qu'el n'auzi dire als pelegrins que venguen d'Antiocha. E fetz delleis mains vers ab bons sons ab paubres motz. E per vo-
5 luntat delleis vezer el se croset e mes se en mar. E pres lo malautia en la nau e fo condug a Tripol en un alberc per mort. E fo fait a saber a la comtessa e ella venc ad el al sieu leit. E pres lo antre sos bratz. E saup qu'ella era la comtessa, recobret l'auzir el flairar e lauzet Dieu que l'avia la vida sostenguda tro
10 qu'el l'agues vista. Et enaissi el mori entre sos braz et ella lo fez a gran honor sepellir en la maison del temple. E pois en aquel dia ella se rendet morga per la dolor qu'ella ac de la mort de lui. [Et aqui son escriutas de las soas cansos.]

1. mout] mont K. — hom] hom e fi J. — 2. Tripoli K. — 3. bon] ben A. gran ben e per la gran cortesia B. — qu'el] que K. — n'] fehlt B, dafür dir de lieis B. — venguen] uenion A. uengron B. — d'Antiochia B. — 4. vers] bons uers et B. — paubre JK. — 5. se mes J. — mar] es folgt: per anar lieis uezer AB. — 5 und 6. E — mort] et (adoncs B) en la nau lo pres mout grans malautia si que cill qe eron ab lui cuideron q'el fos mortz en la nau. Mas tant feiron q'il lo conduisseron a Tripol en un alberc cum (aissi cum A) per mort AB. — 6. Tripoli K. — 7. fait a] fait JK. — e] e adoncs A. — ella] fehlt B. ella s'en A. — 'ad el] a lui A. — sieu] son JK. — 8. saup] el saup AB. — qu'ella] que so A. — recobret] e mantenent recobret J. — 9. l'auzir] lo auzir K. lo uezer AB. — flairar] florar K. flazar AB. — Dieu] Dieu el grazi AB. — 10. entre sos bratz] entrels bratz de la dompna (comtessa B) AB. — 11. a gran honor] honoradamens AB. — 11. maion J. — temple de Tripol B. — 12. dia] meteus-dia B. — monga AB. — qu'ellan J. — de la mort de lui] de lui e de la soa mort AB. — 13. Et — cansos] nur in A und B.

---

1) Die Benennung der Handschriften ist die von Bartsch, „Grundriss etc." pag. 27—31 vorgeschlagene.

Lieder.

I.

Dies Gedicht ist in 10 Handschriften enthalten, nämlich in ABCDEJKMRe. Dieselben zerfallen in 3 Gruppen, zu deren erster ABDJKR gehören. R nimmt in derselben eine etwas selbstständige Stellung ein, denn es stimmt zwar in allen entscheidenden Punkten mit den übrigen Handschriften überein, zeigt aber doch gewisse einzelne Abweichungen von der einstimmigen Lesart der andern z. B. v. 21, 24, 26, 27, 45, 46, 47, 48. Diese Abweichungen scheinen aber willkürliche Aenderungen zu sein, da sie durch keine der zu andern Gruppen gehörigen Handschriften gestützt werden. Mehr spricht dagegen vielleicht der Umstand für die Selbstständigkeit dieser Handschrift, dass sie Strophe 2 und 3, und zwar gemeinsam mit CE, vor den übrigen voraus hat, dass ihr, auch wie CE, Strophe 5 und 6 fehlen, dass endlich die Reihenfolge der Strophen, die in ABDJK die gleiche ist, bei ihr abweicht, und dass sie auch in dieser Beziehung (mit Ausnahme der achten Strophe, die ihr fehlt), wieder mit CE stimmt. Hiernach könnte man meinen, dass sie zur Gruppe CE gerechnet werden müsste; doch wird diese Annahme sofort durch die Verschiedenheit der Lesarten widerlegt, nach welchen sie unzweifelhaft der ersten Gruppe zugetheilt werden muss. Ich habe dieser Sonderstellung dadurch Rechnung getragen, dass ich die Stellen, wo sie sich von den übrigen Handschriften ihrer Gruppe anders als graphisch oder durch Spielformen oder grammatische Fehler sondert, nicht wie sonst, im Anhange, sondern in den Varianten unter dem Texte mittheilte.

Die zweite Gruppe wird durch C und E, die dritte durch M und e repräsentirt.

Was die Zahl und Reihenfolge der Strophen betrifft, so enthalten die einzelnen Handschriften deren folgende und in folgender Ordnung: ABDJK: 1, 4, 5, 6, 7; R: 1, 2, 3, 4, 7; CE: 1, 2, 3, 4, 7, 8; M e: 1, 4, 5, 6, 7, 8.
Gedruckt ist das Gedicht bisher nur M. G. Nr. 88 nach B (also ohne Strophe 2, 3, 8).

1. Quand lo rossinhols el folhos
dona d'amor en quier en pren
e mou son chant jauzen jojos
e remira sa par soven;
5 eil riu son clar eil prat son gen,
pel novel deport, que renha,
mi ven al cor grans jois jazer.

2. D'un' amistat soi envejos,
car no sai joja plus valen,
10 c'or e dezir, que bonam fos,
sim fazia d'amor prezen;
quel cors u gras, delgat e gen,
e ses ren, quei descovenha,
es s'amors bon' ab bon saber.

15 3. D'aquest' amor soi cossiros
velhan e pueis sompnhan durmen,
car lai ai joi meravilhos,
per qu'ieu la jau jauzitz jauzen;
mas sa beutatz nom val nien,
20 car nulhs amicx nom essenha
cum ieu ja n'aja bon saber.

4. D'aquest' amor sui tant cochos,
que quand ieu vauc ves lieis corren,
vejaire m'es, qu'a reversos
25 m'en torn, e qu'ella m'an fugen;
e mos cavals i vai tan len,
greu er, qu'oimais i atenha,
s'amors no lam fai remaner.

6. quei CE. — 7. cazer R. mi uai grans iois al cor iazer CE. — 8. Strophe 2 und 3 nur in CER. — 9. plus] tan R. — 10. c'or e dezir] cor e defi E. que d'aquesta C. — 11. d'amar paruen R. — 12. gras] gran R. — 13. e sen ren qel R. — 14. amors CE. — 15. d'est amor soi fort R. — 18. jauzitz] ab ioy R. iauzens ioyos C. — 20. nom essenha] non ha de me E. q'amicx mielhs no sec la senha R. — 21. de mj ab mais de bel plazer R. — 23. lieis] lui R. — 24. qu'a reversos] q'a rehusos ABDJK que raizos R. qu'en torn a rauios E. — 25. qu'elas n'an CE. q'ill s'en an M e. — 26. mos] sos R. cor aitan leu R. i vai tan] i cor tan ABDJKR uai aitan CE. — 27. a greu cug mais quei CE. qe greu er qe la i M e. qe greu er mais q'i l'ataigna R. — 28. s'ilha nos uol a retener (remaner E) CE.

5. De tal dompna sui cobeitos,
a cui non aus dir mon talen,
anz quan remire sas faissos,
totz lo cors m'en vai esperden;
et aurai ja tant d'ardimen,
quel aus dir, per sieu mi tenha,
pois d'als non ll'aus merce querer?

6. A! cum son siei dich amoros
e siei faich son doutz e plazen!
qu'anc non nasquet sai entre nos
neguna, c'ajal cors tant gen,
grailes, fresca, ab cor plazen,
e non cre, genser s'ensenha,
ni non vi hom ab tant plazer.

7. Amors, alegres part de vos,
per so car vau mon mielhs queren,
e soi en tant aventuros,
qu'encaras n'ai mon cor jauzen,
la merce de mon bon guiren,
quem vol em apell' em denha
e m'a tornat en bon esper.

8. E qui sai reman delechos
e dieu non sec en Belleen,
non sai, com sia jamais pros,
ni com ja venh' a guerimen;
qu'ieu sai e crei mon escien,
que cell, cui Jhesus ensenha,
segura escola pot tener.

29. Strophe 3 und 4 fehlen in CER. — cobeitos] desiros Me. — 30. et aurai] Dieus! s'aurai Me. — 34. per] qe per ABDJK. qe patz m'en teinha M. qe patz manteinha e. — 35. pois eu (fehlt in A) noil aus AB.

36. amoros] saboros Me. — 37. e siei bon fach fin e ualen Me. — 39. tan bella de neguna gen Me. — 40. cors ha graille delgat (dolgat M) plazen Me. — 41. cre] cug Me. — si seinha Me. — 42. ni anc homs non la poc (pot e) uezer Me. —

43. alegrem DEJKR. — 44. so] tal R. — car] qe Me. — 45. soi] fui CE. — d'aitan ABDJK de tan R. — 46. q'encar (q'en breu R) n'aurai ABDJKR. enquere trai E. — 47. bon] bel R. — mas pero per mon CE. — guiren] geren Me. — 48. apell'] dezir R. — 49. m'es ops (teup E) a parcer mon uoler CE. —

50. Strophe 8 nur in CEMe. — 51. Bellien M. Betheem C. — 52. iamais sia CE. — 54. crei e sai Me. — 56. escola] colpa M. —

II.

Dies Lied ist in folgenden Handschriften erhalten: ABCD EJKMRSUb (6 Verse: 8—11 und 50, 51) e g ζ. Um dieselben in Gruppen einzutheilen, wird man zunächst von der letzten Strophe absehen müssen, da hier wegen der vielen Eigennamen eine grosse Verwirrung eingetreten ist, so dass sogar sonst übereinstimmende Handschriften vollständig auseinander gehen. Dann wird die erste Gruppe aus ABDJK bestehen. Ebenso gehen wohl C und R auf einen gemeinsamen Archetypus zurück, obwohl sie an einzelnen Stellen z. B. v. 12, 13, 16, 21, 24, 27 so wie in der ihnen mit U gemeinsamen (unechten) Strophe von einander abweichen. Diese Abweichungen scheinen aber meist willkürlicher Art zu sein, da sie gewöhnlich nicht durch Lesarten anderer Typen geschützt werden.

Eine dritte Gruppe wird durch M, e, g (die Abschrift von M) und die 6 in b vorhandenen Verse repräsentirt; M und e unterscheiden sich wesentlich nur dadurch, dass die eingeschobenen, unechten Strophen bei Beiden verschieden sind, nämlich in M: sin sui de lonia taina (als Strophe [7] unten mitgetheilt), in e (und b 2 Verse): Entre Grec e Trasmontana [8].

ESU zeigen jede so eigenthümliche Lesarten, dass sie weder einer der 3 Gruppen zugetheilt, noch auch zu einer eignen zusammengethan werden konnten.

Diese Verhältnisse werden in der zweiten Hälfte der letzten (fünften) Strophe, wie oben schon angedeutet, etwas modifizirt. Diese Strophe ist nur in ABCDEJKMge enthalten; hier trennen sich aber AB von DJK, jene vereinigen sich mit CMge, diese mit E, so dass wir zwei sich gegenüberstehende Gruppen erhalten, die unter einander aber auch nicht immer vollständig übereinstimmen.

Die Reaction ζ endlich ist eine französische Bearbeitung unseres Liedes und kann daher zur Feststellung des Textes nichts beitragen. Diejenige provenzalische Recension aber, die ihr als Vorlage gedient hat, scheint verloren gegangen zu sein, wenigstens sind zwei von ihren Strophen in keiner der uns vorliegenden Handschriften aufzufinden; ich werde aus diesem Grunde diese altfranzösische Version im Anhange nach Brakelmann's Angabe (Herrig Archiv XLII, 357) abdrucken.

Die von mir befolgte Strophenfolge ist die von ABDEJK;

in R und S fehlt 5, in U 4 und 5; unechte Strophen haben,
und zwar hinter der 4ten Strophe: C [6], Mg [7], R [8], o [10];
hinter der dritten Strophe U [6, 7, 9].

Gedruckt ist das Gedicht schon: R. III, 99; Diez, Leben
und Werke etc. 58 (Strophe 1, 7, 8). M. W. I, 62; MG Nr. 148
nach B; Muss. 434 nach D, Arch. XXXV, 450 nach U, ib. XLII,
357 nach ζ; Bartsch LB 57 nach MR, Chrest. 61 nach
BCEJMR.

1. Quan lo rius de la fontana
s'esclarzis, si cum far sol
e par la flors aiglentina,
el rossinholetz el ram
volf e refranh et aplana 5
son doutz chantar et afina,
dreitz es qu'ieu lo mieu refranha.

2. Amors de terra lonhdana,
per vos totz lo cors mi dol;
e non puosc trobar meizina,
si non vau al sieu reclam 10
ab atraich d'amor doussana
dinz vergier o sotz cortina
ab desirada companha.

3. Pois totz jorns m'en falh aizina, 15
nom meravilh s'ieu n'aflam,
car anc genser crestiana
non fo, ni dieus non la vol,
juzeva ni sarrazina;
ben es cel pagutz de mana, 20
qui ren de s'amor gazanha!

1. v. 1—9 in E fast zerstört. 1. quan] pois S U. — 2. s'elarzic E. —6. chantar]
chant U. — l'afina CR. son nouel chant s'afina S. — 7. dreitz es] beys dregz CR.
qu'ieu lo mieu] qel meu se S. qe lo meu cant U. —

11. si] s'ieu DSU. —sieu] uostre (eine Silbe zu viel) B. — si non al uostre CR.
si nom ual uostre E. s'eu non a ual seu U. tro uengal uostre Mbe. — 12. ab]
a S. — atraich] maltrait CES. trait U. — doussana] lointaina U. — 13. dinz] en
RS. — sotz] part CE. tras Me. dins RS. — a sa cortina U. — 14. ab] a S.

15. pois] a E. — totz jorns] del tot ABDJK. — m'en] mi RSU. l'açina
DU. — 16. s'ieu m'aflam AB. sim n'aflam ERe. sin n'aflam U. si (s'eu S) n'ai
fam CS. — 17. qe tan gensor en pleuina S. — 18. Deu no la fis ni lam uol
S. — la] o CR. — 20. ben es cel] et es ben AB. ben es (er R) doncs MRe.
per q'es ben JK. cel es ben S. — ben es astrucx qui s'en uana E. — pagutz]
paguatz C. pagaz U. — 21. qi] ni E. — qui ren de] si ia drutz R. drutz que
de e. — ren de s'amor] de (en S) s'amor ren CS. —

— 46 —

<blockquote>

4. De desir mos cors non fina
vas cella ren, qu'ieu plus am;
e cre que volers m'engana,
25 si cobezesa lam tol;
que plus es ponhens qu'espina
la dolors, que ab joi sana,
don ja non vuolh c'om m'en planha.

5. Senes breu de pargamina
30 tramet lo vers, que chantam,
en plana lenga romana.
an Hugon Brun per Filhol;
bom sap, car gens Peitavina
de Beiriu e de Gujana
35 s'esgau per leis e Bretanha.

[6. Quan pensar m'en fai aizina
adoncs la bays e l'acol
mas pueys torn en reuolina
per quem n'espert en aflam
quar so que floris non grana
40 lo ioy que mi n'atayna
tot mos cujatz afaitanha.]

[7. Sin sui de lonia taina
e mais seinha non sufrainh
ço dis li gens anciana
45 q'ab sufrir uenz sauis fol
q'ades s'en uen de rabina
mas ieu aten causa uana
q'ailhor remanc en la fainha].

[8. Car lo pessamen m'nfama
50 don yeu l'abras e l'acol
</blockquote>

In U nur v. 26—28 (cf. Anhang zu Strophe 7). 22. desir] uoler MSe. — 23. plus] tant E. — cela cui tan uoll et am S. — 24. e cre] e sai MRe. ben sai S. — sai que uolontatz E. — que] qel CDJKR. — m'engana] me mena S. — 25. si cobezesa] et cobicanza S. — 26. que] car EMUe. — et car me poing plus S. — qu'espina] d'espina CJKMRe. — 27. la] ma MSUe. ab] per CSU. — c'al cor mi mena E. — 28. don] fehlt S, dafür qe hom. — m'en] mi SU. — e ia negus no m'en E.

Strophe 5 nur in ABCDEJKMe. — 30. lo] mon E. — qe chantan M. en chantan ABCEe. — 31. en plana] plan et en ABDJK. — 32. fehlt in JKD. — an Hugon Brun] enuas lo Bru E. — Hugon] Ugol M. — per] mon Ee. — 33. bom sap] bon m'es AB. — e sapcha gens crestiana DEJK. — 34. Gujana] Bretaigna ABC (mit Guianna des folgenden Verses vertauscht). — que totz Piteus e Giana (Uiana JK) DJK. que totz Peiteus hi guazanha E. e totz Angieus e Uiana M. — 35. leis] lui ABe. — e Bretanha] e Guiaigna A. e Guianna B. en Guizana C (cf. v. 34). — ual mais per leis e Bertaigna DJK (JK ausserdem noch: s'esiau per leis en Guizana). en ual mais per leis neis Bretanha E. —

m'a tornat trop aroyna
per quem pert mas no m'en clam
car sai que no floris ni grayna
l'amors on mon cors s'aclina 55
ni hom nos quei remanha.]

[9. Sa contenansa es soldana
qe ioi mi grup e m'asoilh
e non fai amor uizina
q'en nabanz non cant q'eu bram 60
tan desir l'amor de cusana
cui iois e iouens aclina
cum fos lai en terra straigna.]

[10. Entre Grec e Trasmontana
volgra esser dins el mar 65
et agues can e traina
ab que m'anes deportar
fuec e lenha e sertana
e pron peison per cozinar
e mi dons per companha.] 70

III.

Dies Gedicht ist nur in C und e enthalten, weshalb von einer Gruppeneintheilung nicht die Rede sein kann; e zählt zwei Strophen, nämlich 5 und 7, mehr als C.

Gedruckt ist es (bis auf Strophe 5 und 7): R. III, 94, Parnasse occ. 20, M. W. I, 61.

1. Pro ai del chan essenhadors
entorn mi et ensenhairitz:
pratz e vergiers, albres e flors,
voutas d'auzelhs e lais e critz,
per lo dous termini suau, 5
qu'en un petit de joi m'estau;
don nulhs deportz nom pot jauzir
tan cum solatz d'amor valen.

2. Las pimpas sian als pastors,
et als enfans bordeitz petitz, 10
e mias sion tals amors,
don ieu sia jauzens jauzitz;

---

1. ensenhador e. — 2. et] es e. — 3. e flors] floritz e. — 7. don nuill deport nen e. —
10. bordeitz] burdens e. — 12. sia jauzens] iauzens sia e.

qu'ieu la sai bona tot aitau
ves son amic en greu loguau
[per so sui trop soen marritz,]
quar non ai so qu'al cor n'aten.

3. Luenh es lo castelhs e la tors,
ont elha jai e sos maritz,
e si per bos cosselhadors
cosselhan no sui enantitz,
qu'autre cosselhs petit m'en vau,
aitant n'ai fin talan corau:
al res noi a mais del murir,
s'alquun joi non ai en breumen.

4. Totz los vezis apel senhors
del renh, on sos jois fo noiritz,
e crei, quem sia grans honors,
quar ieu dels plus envilanitz
cug que sion cortes, lejau;
ves l'amor, qu'ins el cor m'enclau,
ai bon talant e bon albir
e sai, qu'ilh n'a bon escien.

5. Lai es mos cors si totz, c'alhors
non a ni sima ni raitz,
et en dormen sotz cobertors
es lai ab lieis mos esperitz;
e *s'amors* mi revert a *mau*,
oar ieu l'am tant e liei non *cau*;
tost verai ieu, si per sufrir
n'atendrai mon bon jauzimen.

6. Ma *voluntatz* s'en vai lo cors
la nueit el dia esclarzitz
laintz per talant de son cors;
mas tart mi ve e tart mi ditz:
„amicx, fas elha, gilos brau
an comensat tal batestau,
que sera greus a departir,
tro qu'abdui en siam jauzen".

13. la sai] l'ai e. — 14. en] fehlt e. — 15. der Reim verlangt ein Wort
auf -ir, etwa: per som vei trop soen marrir oder: per so sui trop soen marrir, mit
einer durch das Metrum veranlassten Auslassung des a vor marrir. —
20. enantiz] enaizitz e. — 21. conseill petit me e. — 23. noi a] non ai e.
26. sos jois] sest ioi e. — 30. m'enclau] mi clau e. —
33. Strophe 5 fehlt in C. — 37. s'amor e. — mau] mal e. — 38. cau]
cal e. —
41. voluntat C e. — lo] el e. — 46. batestau] barestau e. —

7. Per so m'en creis plus ma dolors,
car ieu au lieis en *luecs aizitz*,   50
que tan no fauc sospirs e plors,
que sol baizar per *escaritz*,
quel cor mi tengues san e sau;
bona es l'amors e molt per vau,
e d'aquest mal mi pot guerir,   55
ses gart de metge sapien.

IV.

Dies Gedicht befindet sich nur in C und e; in C fehlen die beiden letzten Strophen. Gedruckt ist es bis auf Strophe 7 und 8: R. III, 95, M. W. I, 63.

1. Belhs m'es l'estius el temps floritz,
quan l'auzelh chanton sotz la flor,
mas ieu tenc l'ivern per gensor,
quar mais de joi mi es cobitz;
e quant hom ve son jauzimen,   5
es ben razos e d'avinen,
qu'om sia plus coindes e guais.

2. Er ai ieu joi e sui jauzitz
e restauratz en ma valor
e non irai jamai alhor   10
ni non querai autrui *conquitz;*
qu'eras sai ben az escien,
que selh es savis, qui aten,
e selh es fols, qui trop s'irais.

3. Lonc temps ai estat en dolor   15
e de tot mon afar marritz,
qu'anc no fui tan fort endurmitz,
que nom rissides de paor;
mas aras vei e pes e sen,
que passat ai aquelh turmen,   20
e non hi vuelh tornar jamais.

4. Mout mi tenon a gran honor
tug silh, cui ieu n'ei obeditz,

49. Diese Strophe fehlt in C. — 50. luec aizit e (cf. V, 40). — 52. escarit e. —
1. bel e. — 2. quan l'auzelh] els auzels e. — 6. e d'avinen] et auinen e. — 7. plus] fehlt e. —
11. ni conquerrai autruis e. — conquistz Ce. — 13. selh] sol e. — savis] sauais e. — 14. fol e. — 18. reisides e. — 20. que passatz sui d'aisel e. —
22. mi] m'o e. — 23. tug silh] totz selhs C. — cui etc.] a cui non soi peditz e. —

quar a mon joi sui revertitz,
e laus en lieis e dieu e lor,
qu'er an lur grat e lur prezen,
e que qu'ieu m'en anes dizen,
lai mi remanh e lai m'apais.

5. Mas per so m'en sui *escharitz*,
ja non creirai lauzenjador,
qu'anc no fui tan lunhatz d'amor,
qu'er non sia sals e gueritz;
plus savis hom de mi mespren;
per qu'ieu sai ben az escien,
qu'anc fin'amor home non trais.

6. Mielhs mi fora jazer vestitz
que despolhatz sotz cobertor,
e puesc vos en traire auctor
la nueit, quant ieu fui assalhitz;
totz temps n'aurai mon cor dolen,
quar aissis n'aneron rizen,
qu'enquer en sospir en pantais.

7. Mais d'una re soi en error,
en estai mos cors esbaitz,
que tot, can lo frairem desditz,
aug autrejar a la seror;
e nulhs hom non a tan de sen,
que puesc' aver cominalmen,
que ves calque part non biais.

8. El mes d'abril e de pascor,
can l'auzel movon lurs dous critz,
adoncs vuelh, mos chans si' auzitz,
et aprendetz lo, chantador;
e sapchatz tug cominalmen,
qu' *ieum* tenc per *ric* e per marien,
car soi descargatz de fol fais.

V.

Dieses Gedicht ist in folgenden 14 Handschriften erhalten:
A B C D E J K M R S W b (3 Verse) c g, von denen W, offenbar mit

24. reuerditz e. — 25. dieu e leis e. — 27. fehlt in e. — 29. escharzitz C e. —
31. qu'anc no fui] car non soi e. — 35. amor e. —
37. ist in e mit 38 vertauscht. — 38. auctors e. — 39. fui] soi e. — 41.
quar aissis] c'aisis e. —
43. Strophe 7 und 8 nur in e, doch lässt sich gegen ihre Echtheit nichts
einwenden. —
55. qu'ieum] qu'iem e. — ric] rics e. —

Unrecht, es Gaucelm Faidit zuschreibt. Ausserdem ist in den Roman von Guillaume de Dole, in der Vaticanischen Hs. Reginensis 1725 eine altfranzösische Bearbeitung der ersten Strophe eingelegt, die ich nach Bartsch's Angabe Jahrb. XI, 160 im Anhange mittheile. Die Handschriften zerfallen in 3 Gruppen, zu der einen gehören A, B und die 3 in b befindlichen Verse (33—35), zur zweiten gehören D EJ K, zur dritten: B M R W g e, obwohl hier die meisten eine gewisse Selbstständigkeit beweisen, sodass ein unmittelbares Hervorgehen aus einer gemeinsamen Quelle nicht wohl anzunehmen ist. S endlich zeigt auch eine gewisse Verwandtschaft mit letzterer Gruppe, hat aber andrerseits einige so abweichende Lesarten, die gar nicht einmal immer einer andern Gruppe sich nähern, dass ihr ein besonderer Platz eingeräumt werden musste; ihre nicht rein graphischen Varianten sind daher unter dem Texte angegeben worden. Die im Text beobachtete Reihenfolge der Strophen ist die von A B, die andern Handschriften haben entweder weniger Strophen, oder zeigen eine andre Anordnung, so EJK: 1, 2, 3 Vers 1 und 2 + 5 v. 3—7, 6, 4; ebenso D, nur dass 6 fehlt; C: 1, 5, 4, 3, 2, 6, 7; ebenso e, nur ist 6 und 7 in eine Strophe zusammengezogen, die aus 6 v. 1—4 und 7 v. 5—7 besteht; W 1, 5, 4, 2 v. 1 und 2 + 3 v. 3—7; M, g: 1, 6, 4, 3, 7 1—4 + 5 v. 5—7, 2; R: 1, 2, 6, 3, 2, 7; endlich S: 1, 2, 4, 3, 6.

Gedruckt war das Gedicht bisher R. III, 105, M. W. I, 65, M. G. 143 nach B.

1. Lanquand li jorn son lonc en mai,
   m'es bels douz chans d'auzels de lonh,
   e quand me sui partitz de lai,
   remembram d'un' amor de lonh:
   vauc de talan enbroncs e clis,   5
   si que chans ni flors d'albespis
   nom platz plus que l'inverns gelatz.

2. Jamais d'amor nom gauzirai,
   si nom gau d'est' amor de lonh,
   que gensor ni melhor non sai   10
   vas nulha part ni pres ni lonh;
   tant es sos pretz verais e fis,
   que lai el renc dels sarrazis
   fos eu per lieis chaitius clamatz.

2. douz chans] del chant S. — 7. platz] ual M R S W e. ualon, wofür l' fehlt C. — 10. melhor ni gensor CM R e. — 12. tant es sos pretz ricx e sobris C. qe tant es sos bos prez sobris M. qe tan pareis sos pretz nerais e fis (2 Silben zu viel) e. car tan pareys sos pretz sobriers R; qe tant es sos prez gai e fins S. —

3. Iratz e gauzens m'en partrai,
quan veirai cest' amor de lonh;
mas non sai coras la veirai,
car trop son nostras terras lonh;
assatz i a pas e camis,
e per aisso non sui devis;
mas tot sia, cum a dieu platz.

4. Bem parra jois, quan li querrai
per amor dieu l'alberc de lonh,
e s'a lieis plai, albergarai
pres de lieis, si bem sui de lonh;
adoncs parral parlamens fis,
quand drutz lonhdas er tant vezis,
c'ab bels digz jauzira solatz.

5. Ben tenc lo senhor per verai,
per qu'ieu veirai l'amor de lonh,
mas per un ben, que m'en eschai,
n'ai dos mals, car tant m'es de lonh;
ai! car me fos lai pelleris,
si que mos fustz e mos tapis
fos pels sieus bels huolhs remiratz!

6. Dieus, que fetz tot, quant ve ni vai,
e formet cest' amor de lonh,
mi don poder, quel cor eu n'ai,
qu'en breu veja l'amor de lonh

15. gauzens] dolens CRe. dolent S. marritz M. — 16. s'ieu ia la uei l'amor MR. s'ieu no uey sest CSe. — 17. et non sai se ge S. - lam BRe.—18. trop] tan CSe. — 19. pas] portz AB. — 20. per q'eu non puis estre deuis (uezins S) MS. — 21. tot] tuiz S. — cum a dieu] cum a lieys C. si con dieu M. cum dieu R. si com deu S. si cum liei e. — or seit de tot si cum li plais W. —

23. l'alberc] l'amor BE. l'ostal CMS. de l'hostal W. ostal e. — 25. si tot soi S. — 26. q'aissi es (m'es e) lo Ce. adoncs parral M. adonc sera W. adonc seran parlamen S. — 27. es tant] sera S. — 28. c' feblt JKES. — jauzira] gauzirai AB. — et ab bels E. et a gai S. qu'ab ginh iauzis (iau bel e) solatz Ce; ab cortes gieinh iausis solatz M. en corteis iois gist gens soillais W. —

31. mas] que EJK. — 32. car tant m'es] quar tant suy C. si bem (ben J) sui EJKR. car trop sui W. car m'es tan e. — 33. a! con fora dreitz EJK. — 34. qe] ia EJK. — fustz e] focs ni JK. flox ni E. — 35. pels sieus] per sos EJK.

36. ni] e MRe. — ve ni vai] es e faiEJK. — 37. fermet BM. fermez S.—est EM. nostr' JK. — 38. q'en cor eu l'ai D. que cor ben ai C. pos bon cor n'ai M. cor q'icu n'ay R. pos talent n'ai S. qel cor qu'ieu n'ai e. q'enquera la EJK. — 39. qu'ieu veya sest C. qe uenha sest R. eu (fu JK) remir cest DJKE. qe remir cest S. con si remir e. con iauzisca d'amor M. —

veraiamen en locs aizis, 40
si que la cambra el jardis
mi resembles totz temps palatz.

7. Ver ditz, qui m'apella lechai
ni desiran d'amor de lonh,
car nulhs autres jois tant nom plai 45
cum jauzimens d'amor de lonh;
mas eo qu'eu vuolh m'es tant ahis!
qu'enaissim fadet mos pairis,
qu'ieu ames e non fos amatz.

8. Mas so qu'ieu vuolh m'es tant ahis! 50
totz sia mauditz lo pairis,
quem fadet quieu non fos amatz!

VI.

Dies Gedicht ist in den Handschriften C E M R b e g α enthalten. Von diesen enthält jedoch b im Ganzen nur 3 Verse, nämlich v. 3 und 4 der zweiten Strophe. In e steht es zweimal und zwar in 2 durchaus verschiedenen Redactionen. Die eine, von Stengel in seiner Einleitung zu Durmart pag. 506 abgedruckt, enthält 6 Strophen und ein Geleit, die andre, die ich der Kürze halber é nennen will, hat deren nur 4, ohne Geleit. Was die Lesarten betrifft, so hat man des Dichters in Strophe 8 ausgesprochene Warnung, an dem Gedichte Nichts zu ändern, offenbar wenig beachtet, denn bei keinem andern Liede des Jaufre gehen die Handschriften so sehr auseinander als gerade bei diesem. Dennoch lassen sich zwei Gruppen unterscheiden, welche sich deutlich von einander absondern; zu der einen gehören E R b e α, zu der andern C M g é. In der erstern sind jedoch nur E, e, α (und, so weit man urtheilen kann b) direct aus derselben Quelle geflossen, R steht etwas ferner, wie einmal die Verse 8, 9, 22, 46, 47, sodann der Umstand beweisen, dass es eine Strophe weniger hat, als jene. Auch zwischen C und M besteht ein nicht allzu nahes Verwandtschaftsverhältniss, da sie an einzelnen Stellen z. B. v. 11, v. 21—24 gänzlich von ein-

40. locs] luoc C R. tal D E J K. tals M. — in palazins S. — 42. mi resembles nouells plaissatz M. mi recemblo nouels palatz C. mi sembla (semble E. semblon J K) maisos e palatz D E J K. — me fos tan pres come longaz S. —
44. desiron A R. deziros C M. — 45. autre A B. —

ander abweichen, während M und é jedenfalls unmittelbar aus einer und derselben Quelle stammen.

Die Anordnung der Strophen ist in den verschiedenen Handschriften folgende: E und e haben Str. 1; 2, 1—4 + 5, 5—6; 3; 4; 5, 1—4 + 2, 5—6; 8 (ist in E fast gänzlich zerstört); 9 (in E zerstört), C hat Str. 1; 2; 3, 1—3 (4—6 unecht); 4, 1—2 (3—6 unecht); 6; 7; 8; 9, M, g und é haben: 1; 2; 4, 1—2 (3—6 unecht); 8, R hat 1; 2; 3; 4; 8; 9, b hat nur 2, 3—4, endlich α: 2, 1—4 + 5, 5—6.

Gedruckt war das Gedicht bisher, mit Ausnahme von Str. 5 und 6, R. III, 97, M. W. I, 64.

1. No sap chantar, qui so no di,
ni vers trobar, qui motz no fa,
ni conois de rima cos va,
si razo non enten en si;
5   mas lo mieus chans comens aisi,
con plus l'auziretz, mais valra a a.

2. Nulhs hom nos meravilh de mi,
s'ieu am so que no veirai ja,
qu'el cor joi d'autr' amor non a
10   mas d'aissella, que anc non vi;
anc nom dis ver ni nom menti,
ni no sai, si ja so fara a a.

3. Colp de joi me fer, quem ausi,
e ponha d'amor, quem sostra
15   la carn, don lo cors magrira;
et anc mais tan greu nom feri,
ni per nulh colp tan non langui;
quar no cove ni no s'esca a a.

1. qui] quil MReé. — 2. ni] nil MRé. — qui] quils MReé. — 3. conois] no sap R. — ni sap de rima con si ua Mé. — 5. pero mos chans (mon chant Mé) CMé. — 6. Das Echo nur in M. —

7. homs α. — 8. que veirai ja] que ia nom (no α) ueira Eeα. — q'enqer uist nom ha R. — 9. cors α. — car d'autra mon cors ioy non a R. ni (qar Mé) nulha res ta mal nom fa CMé. — 10. quo so qu'anc de mos (qez anc dels Mé) huelhs no ui CMé. — 11. und 12. sind in Eeα mit v. 29 und 30 vertauscht. — 11. anc] ni C.

14. e] ab C. — 15. lo cor don la crans C. — 16—18. lauten in C: s'em breu merce nol pren de mi — et anc hom tan gen no mori — ab tan dous mal, ni non s'escha.

4. Anc tan suau nom adurmi,
mos esperitz tost no fos la,
ni tan d'ira non ac de sa,
mos cors ades no fos aqui;
mais, quan mi reissit lo mati,
totz mos bos sabers mi desva a a.

5. Ben sai c'anc de leis nom jauzi,
ni ja de mi nos jauzira
ni per son amic nom tenra
ni coven nom fara de si;
ni per nulh joi aitan no ri,
e no sai quals bes m'en venra a a.

6. Un' amor lonhdana m'auci,
el dous dezirs propdas m'esta,
e quan m'albir, qu'ieu m'en an la
en forma d'un bon pellegri,
mei voler son siei anc issi
de ma mort qu'estiers non sera a a.

7. Peironet, passa riu d'Illi,
que mos cors a licis passara,
e si li platz, alberguar m'a,
per quel *parlamens* sera fi;
mal me faderon mei pairi,
s'amors m'auci per lieis que m'a a a.

8. Bos es lo vers, can noi falhi,
e tot so quei es, ben esta;
e sel que de mi l'apenra
gart se, noi falha nil pessi;

20. mos etc.] qe mos esperitz no CMR.
v. 21—24 lauten in C: a la belha que mon cor a
on mey noler fan dreg cami
e pot ben dir s'aman m'auci
que mais tan fizel non aura.
in Mé: on li (la é) bella si dorme ia
mei dezir fan lai lur cami
mei suspir son sei assasi
de l'amor no sai qom pera a a.
25. Strophe 5 nur in E (lückenhaft), e und z. Th. α (29 und 30) — 25. c'anc] anc E. — 30. e] ni α. — quals] qual E. —
31. Strophe 6 und 7 nur in C. — 40. parlamen C. —
v. 43—50 in E fast gänzlich zerstört. — 43. can] s'ieu CMé. — 46. gart nol franha ni nol pessi e. — noi falha etc.] que res non m'i cambi C. — non mueua ni camgi Mé. —

car si l'auzon en Caerci
en Bertrans el coms en Tolza a a.

9. Bos es lo vers, e faran hi
50   calque re, don hom chantara a a.

47. Caerci] Lemozi R. — e uueill l'ania en Caersi e. — 48. lo uescoms nil coms en Tolza C. le [uescons d] coms de Tolsa l'entendra a a M. le coms de Tolsa l'entendra é. —
49. und 50. fehlen Mé — 49. uers] sos C. — 50. calque re don] qalsqe motz don R. — quasqus don mos chans gensara C.

Das folgende Gedicht ist in C und e enthalten; beide Handschriften nennen Jaufre Rudel als den Verfasser. Auch Diez scheint es demselben Dichter zugeschrieben zu haben, wenigstens giebt er an, dass Jaufre ausser den beiden Liedern zum Lobe der Gräfin von Tripolis noch fünf auf frühere Liebeshändel bezügliche Lieder verfasst habe (Leben etc. 56). Dennoch ist diese Angabe falsch, da in der letzten Strophe desselben Grimoartz als Verfasser bezeichnet wird. Ich drucke es ab, da es bisher noch nicht bekannt war, zugleich als Beweis dafür, wie unsicher manchmal die Angaben gewisser Handschriften sind, indem sie sich selbst widerlegen.

1. Lanquan lo temps renovelha
 e par la flors albespina,
 ai talant d'un chant novelh,
 e son florit l'albespi
5 [qu'ieu sai cum lo chans refri]
 doussament per miei la bruelha,
 lo *rossinhols* s'esbaudeja.

2. E quan lo *boscs* reverdeja
 nais fresca e vertz la fuelha,
10 adoncas ieu reverdei
 de joi e florisc cum suelh,
 ab lo dous chan del mati,
 que fan d'amor li auzelh,

 jauzens somon al aurelha.

2. flor e. — 5. Dieser Vers ist unecht, es sind statt dessen zwei andere erforderlich mit den Reimen -elh und ei, wie Strophe 3, 5, 7 beweisen. — 7. rossinhol C e. — e s'esbaudeya e. —
8. bosc C e. — von v. 10 und 11 hat e nur: adoncas reuerdei de ioi com sueill. — 13. li auzel iauzen e. — 14. Zwischen 13 und 14 fehlt ein Vers, der auf ina reimt, um mit Strophe 4, 6, 8 zu correspondiren, in e ist die Lücke markirt. — somon l'auzeletz l'aureilla e.

3. E pus l'us l'autre s'enselha,
   el par ves sa par s'aizina,
   de nos es dregz, que s'enselh
   quascus d'atretal aizi
   ab fin' amor ses erguelh,
   qu'ieu conoso assatz e vey,
   pus la malvestatz s'orguelha
   qu'amors non deu far enveja.

4. Jois ab amar cabaleja,
   es veston d'una despuelha,
   e cui que desabalei,
   d'escassedat mi despuelh;
   amors si senh ab joi fi,
   e jois fa d'amor capdelh,
   e malvestatz, que no fina,
   baissa pretz el descapdelha.

5. Cortezament assembelha
   amors vera e s'afina,
   que de joi fa son sembelh,
   per qu'ieu plus ves lieis acli,
   e malvestatz dezacuelh
   pretz, que no sap on s'estei,
   per qu'ieu laus, jovens acuelha
   amor et ab lieis esteja.

6. Aissi voluda e guerreja
   mai lo ben, que dieus lur tuelha,
   als avars, qui ieu guerrei,
   mais no val re so quels tuelh,
   ans porta jovens tapi
   s'amors noi fai son apelh
   tota joja s'atapina
   c'uns no vol pretz ni l'apelha.

7. Res el mon non es plus belha
   d'amor veraja vezina,
   ni re non tenc mai per belh
   nim vol aver a vezi
   ves nulha part on reduelh,
   qu'ieu puesca trobar mersei,

18. aizi] aizina C, doch verlangt der Reim die Lesart von e. — 19. ses] ser e. — 22. qu'amor C.

23. amar] amor e. — 25. desabalei] descabelci e. — 25. escasedatz ni despuelh e. — 27. amor e. — 28. maluestat C.

30. amor C. — s'afina] s'aclina e. — 33. perchel e. — 35. maluestat C. — 37. jovens] louens C. — 38. amors C.

39. Strophe 6 und 7 nur in e.

rics malvatz gara e rodelha,
et amors ri e merseja.

8. Sobrels melhors senhoreja 55
mos chans, en qual guizam vuelha,
els motz laissans senhorei
els sai dir aissi cum vuelh;
e vec`vos del vers la fi,
qu'en Grimoartz vos espelh, 60
qu'ab joi lo las e l'afina,
sis qui bel chant nil espelha.

55. melhors] nouels e. — 57. laissans] lai sans e. — 58. els]el e. — 59. vec vos] anues e. — 61. las e] lassa e.

IV.
Uebersetzung.
I.

1. Wenn die Nachtigall im Gebüsch Liebe giebt und deren verlangt und deren nimmt, und ihren erfreuenden, fröhlichen Sang anhebt und oft ihr Liebchen anblickt, und die Bäche klar sind und die Wiesen freundlich, da kommt mir durch die neue Lust, die da herrscht, grosse Wonne im Herzen zu wohnen.

2. Nach einer Freundschaft bin ich begierig, denn nicht weiss ich eine trefflichere Freude; denn ich bitte und wünsche, dass sie mir gut wäre, wenn sie mir ein Geschenk der Liebe machte; denn einen Körper hat sie voll, zart und nett; und ohne etwas, was ihr nicht angemessen wäre, ist ihre Liebe gut mit gutem Verständniss.

3. Nach dieser Liebe bin ich sehnsüchtig, wachend und dann träumend, schlafend; denn dort habe ich wunderbare Freude, daher freue ich mich ihrer erfreut [und] erfreuend; aber ihre Schönheit nützt mir nichts, denn kein Freund lehrt mich, wie ich je guten Bescheid von ihr haben möge.

4. Auf diese Liebe bin ich so erpicht, dass, wenn ich im Lauf auf sie zu gehe, es mir vorkommt, dass ich rückwärts gehe und dass sie mir entflieht, und mein Ross geht so langsam zu ihr; schwer wird es sein, dass ich je bei ihr anlange, wenn die Liebe mir sie nicht zurückhält.

5. Nach einer solchen Dame steht mein Verlangen, der ich nicht meinen Wunsch zu sagen wage, vielmehr, wenn ich ihr Gesicht betrachte, so entmuthigt sich mein ganzes Herz; und

werde ich je so viel Kühnheit haben, dass ich ihr zu sagen wage, sie möge mich für den ihrigen halten, da ich wegen etwas Anderen sie nicht um Gnade zu flehen wage?

6. Ach! wie sind ihre Reden liebreich und ihre Thaten süss und gefällig; denn nie ward hier unter uns irgend Eine geboren, die einen so schönen Körper hätte, anmuthig, frisch, mit gewinnendem Herzen, und nicht glaube ich, dass eine Schönere sich heranbilde (vervollkommne), noch sah man Eine mit so viel Reiz.

7. Liebe, heiter scheide ich von Euch, weil ich mein Bestes zu suchen gehe und ich bin in solchem Grade beherzt, dass ich noch davon mein Herz in Freude habe, Dank meinem guten Schutzpatron, der nach mir verlangt und mich ruft und sich meiner annimmt und mich in gute Hoffnung versetzt hat.

8. Und wer behaglich hier bleibt und Gott nicht folgt nach Bethlehem, von dem weiss ich nicht, wie er je brav sein, noch wie er je zum Heile gelangen möge; denn ich weiss und glaube sicherlich, dass derjenige, den Jesus belehrt, sichere Schule haben kann.

II.

1. Wenn das strömende Wasser der Quelle sich aufklärt, wie es zu thun pflegt, und die Weissdornblüthe erscheint und die Nachtigall auf dem Zweige ihren süssen Gesang modulirt und wiederholt und verschönert und verfeinert: da ist es recht, dass ich den meinen wiederhole.

2. Liebe im fernen Lande, Euretwegen schmerzt mir mein ganzes Herz! und nicht kann ich Arznei finden, wenn ich nicht auf ihren Ruf gehe mit dem Reize süsser Liebe in einen Garten oder unter eine Decke mit der ersehnten Genossin.

3. Da mir alle Zeit die Gelegenheit dazu fehlt, so wundere ich mich nicht, wenn ich von ihr entbrenne, denn nie gab es eine schönere Christin, Jüdin oder Sarazenin, noch wünscht Gott eine solche; wohl ist der mit Manna genährt, der irgend Etwas von ihrer Liebe gewinnt!

4. Sich zu sehnen hört mein Herz nicht auf nach jenem Wesen, das ich am meisten liebe; und ich glaube, dass der Wunsch mich betrügt, wenn die Habsucht sie mir nimmt; denn

stechender als Dorn ist der Schmerz, der durch Freude heilt; daher will ich keineswegs, dass man mich deswegen beklage.

5. Ohne Pergamentbrief übersende ich den „Vers," den wir singen, in einfacher romanischer Sprache Herrn Hugo dem Braunen durch Filhol; denn es gefällt mir wohl, dass die Leute von Poitou, von Berri und von Guienne sich ihretwegen freuen und die Bretagne.

III.

1. Genug habe ich Lehrer des Gesanges um mich und Lehrerinnen: Wiesen und Gärten, Bäume und Blumen, Gesänge (eig. Triller) von Vögeln und Lieder und Gezwitscher während süsser, milder Jahreszeit, so dass ich in einiger Freude bin; daher kein Vergnügen kann mich so erfreuen, wie das Glück einer trefflichen Liebe.

2. Die Rohrpfeifen mögen den Hirten bleiben und den Kindern kleine Tournierspiele, und mein seien solche Liebesaben teuer, von denen ich erfreuend erfreut werde; denn ich kenne sie als ganz so gut gegen ihren Freund an schlimmem Ort; [deswegen bin ich sehr oft betrübt], denn ich habe das nicht, was ich im Herzen von ihr erwarte.

3. Fern ist das Schloss und der Thurm, wo sie wohnt und ihr Gatte, und wenn ich durch gute, rathende Rathgeber nicht gefördert werde, denn ein anderer Rath darüber gilt mir wenig, so sehr habe ich nach ihr ein echtes, herzliches Verlangen, — so giebt's nichts anderes mehr ausser dem Sterben, wenn ich nicht in Kurzem irgend eine Freude habe.

4. Herren nenne ich alle Nachbarn des Reiches, in welchem ihre Freude genährt wurde und ich glaube, dass dies mir eine grosse Ehre sei; denn ich denke von den Herabgekommensten, dass sie artig, bieder seien; nach der Liebe, die ich drinnen in meinem Herzen verschliesse, habe ich schönes Verlangen und schönes Sinnen und ich weiss, dass sie wohl davon Kenntniss hat.

5. Dort ist mein Herz so gänzlich, dass es anderswo weder Wipfel noch Wurzel hat, und wenn ich unter der Decke schlafe, so ist mein Geist dort bei ihr; aber ihre Liebe verkehrt sich

mir zu einem Uebel, denn ich liebe sie so sehr und ihr liegt nichts dran; bald werde ich sehen, ob durch Ertragen ich von ihr meinen schönen Genuss erwarten werde.

6. Mein Wunsch geht im Lauf davon die Nacht und am hellen Tage dahinein aus Verlangen nach ihr; aber spät kommt er mir (zurück) und spät sagt er mir: „Freund," sagt sie, „böse Eifersüchtige haben einen solchen Streit begonnen, dass er schwer zu schlichten sein wird, bis wir (= so dass wir dann) Beide darüber froh sein mögen.

7. [1]) Daher wächst mir mein Schmerz mehr davon, weil ich sie an bequemen Orten höre; denn nicht seufze und weine ich so sehr, als ich zu küssen pflege als ein wohl Bewanderter, damit ich mir das Herz gesund und heil erhalten möchte; gut ist die Liebe und sehr viel werth, und von diesem Uebel kann sie mich heilen, wenn sie sich vor einem weisen Arzte in Acht nimmt.

IV.

1. Es gefällt mir der Sommer und die Blüthezeit, wenn die Vögel unter der Blüthe singen; aber für angenehmer halte ich den Winter, weil mir da mehr Freude zu Theil geworden ist; und wenn man sein Vergnügen sieht, so ist es wohl vernünftig und angemessen, dass man liebenswürdiger und heiterer sei.

2. Jetzt habe ich Freude und bin froh und in meinen Werth wieder eingesetzt und nie mehr werde ich anderswohin gehen, noch Andrer Besitz erstreben; denn jetzt weiss ich sehr wohl, dass derjenige klug ist, welcher wartet, und derjenige thöricht ist, welcher zu sehr aufbraust.

3. Lange Zeit bin ich in Schmerz gewesen und über meinen ganzen Zustand betrübt; denn nie war ich so fest eingeschlummert, dass ich nicht durch Furcht aufgeweckt wurde; aber nun sehe und denke und fühle ich, dass ich diese Qual überstanden habe, und nie mehr will ich dorthin zurückkehren.

4. Hoch rechnen es mir zur Ehre an alle diejenigen, denen ich darin gehorcht habe, dass ich zu meiner Freude zurückge-

---

1) Diese Strophe, welche nur in einer Handschrift überliefert ist, ist ziemlich unklar, zum Theil unverständlich.

kehrt bin; und ich lobe drob sie und Gott und Jene, welche jetzt [dafür von meiner Seite] ihren Dank und ihr Geschenk haben; und was ich mir auch darüber sagen möchte: dort bleibe ich und dort nähre ich mich.

5. Aber hierdurch habe ich mich darüber belehrt; nie werde ich den Lobhudlern glauben; denn nie war ich von Liebe so entfernt, dass ich jetzt nicht gesund und geheilt wäre; ein klügerer Mann als ich macht Missgriffe; daher weiss ich sehr wohl, dass nie Jemand eine treue Liebe verrieth.

6. Besser wäre es mir, bekleidet zu liegen, als entkleidet unter einer Decke und ich kann Euch als Beweis dafür die Nacht anführen, in welcher ich angefallen wurde; alle Zeit wird mir mein Herz drob wehe thun, denn so gingen sie lachend davon, dass ich noch darüber seufze und davon bebe.

7. Aber über eine Sache bin ich in Unklarheit und es ist darüber mein Herz erstaunt, dass alles, was der Bruder mir abschlug, ich die Schwester gewähren höre; und kein Mensch hat so viel Scharfblick, den er in gewöhnlichem Masse haben kann, dass er sich nicht nach irgend einer Seite neige.

8. Im April- und Lenz-Monate, wenn die Vögel ihre süssen Gesänge erheben, da will ich, dass mein Lied gehört werde, und lernet es, Ihr Sänger, und wisset alle insgemein, dass ich mich für mächtig und reich halte, weil ich einer thörichten Last entladen bin.

V.

1. Wann die Tage lang sind im Mai, gefällt mir süsser Vogelsang in der Ferne, und wann ich davon geschieden bin, so denke ich an eine Liebe in der Ferne: da gehe ich an Gemüth betrübt und gebeugt einher, so dass nicht Sang noch Weissdornblüthe mir mehr gefällt als der eisige Winter.

2. Nie werde ich mich über eine Liebe freuen, wenn ich mich nicht freue über diese Liebe in der Ferne; denn eine schönere und bessere weiss ich nicht an irgend einem Orte, weder nah noch fern; so wahrhaft und echt ist ihr Werth, dass ich dort im Reiche der Sarazenen um ihretwillen Gefangener genannt werden möchte.

3. Betrübt und freudig werde ich scheiden, wenn ich diese Liebe in der Ferne sehen werde; aber nicht weiss ich, wann ich sie sehen werde; denn zu sehr sind unsere Länder entfernt; genug Wege und Stege giebt's da, und deswegen bin ich kein Seher (= kann ich's nicht wissen); aber es sei ganz wie es Gott gefällt.

4. Wohl wird es mir Freude scheinen, wenn ich von ihr um [der Liebe] Gottes Willen Herberge in der Ferne erbitten werde und, wenn es ihr gefällt, so werde ich nahe bei ihr wohnen, obwohl ich in der Ferne bin; dann wird die Unterhaltung fein erscheinen, wenn der ferne Liebhaber so nahe sein wird, dass er mit schönen Reden Kurzweil geniessen wird.

5. Wohl halte ich den Herrn für wahrhaft, durch den ich die Liebe in der Ferne erblicken werde; aber für ein Gut, das mir von ihr zu Theil wird, habe ich zwei Uebel von ihr, weil sie für mich so weit in der Ferne ist; ach! wäre ich doch dort ein Pilger, so dass mein Stab und mein Kittel von ihren schönen Augen gesehen würde!

6. Gott, welcher Alles machte, was kommt und geht und der diese Liebe in der Ferne schuf, gebe mir Macht — denn den Wunsch habe ich dazu — dass ich in Kurzem die Liebe in der Ferne sehe, wahrhaft, am bequemen Ort, so dass das Zimmer und der Garten mir alle Zeit einem Palaste gliche.

7. Wahr sagt, wer mich lecker nennt und nach einer Liebe in der Ferne lüstern; denn keine andre Freude gefällt mir so, wie der Genuss einer Liebe in der Ferne; aber das, was ich begehre, wird mir so sehr vorenthalten! denn so feite mich mein Pathe, dass ich liebte und nicht geliebt würde.

8. Aber das, was ich begehre, wird mir so sehr vorenthalten! ganz verflucht sei der Pathe, der mich feite, dass ich nicht geliebt würde!

VI.

1. Nicht kann singen, wer keine Melodie sagt, noch ein Lied dichten, wer keine Verse macht, noch weiss er mit Reimen Bescheid, wenn er nicht die Theorie versteht; aber mein Sang fängt hier an; je mehr Ihr ihn hören werdet, um so mehr wird er werth sein.

2. Kein Mensch wundere sich über mich, wenn ich das liebe, was ich nie sehen werde; denn im Herzen giebt es an keiner andern Liebe Freude, als an der, die ich nie sah; nie sagte sie mir wahr, noch log sie mir, noch weiss ich, ob sie dies je thun wird.

3. Einen Freudenschlag versetzt sie mir, der mich tödtet und einen Liebesstich, der mir das Fleisch entzieht, wodurch der Körper mager werden wird; und nie schlug sie mich so hart, noch litt ich so sehr unter irgend einem Schlage; denn nicht ziemt noch schickt es sich.

4. Nie schlief ich so sanft ein, dass mein Geist nicht alsbald dort wäre, und nie hatte ich hier so viel Kummer, dass mein Herz nicht immer dort sein sollte; aber, wenn ich am Morgen erwache, so entschwindet mir all mein schönes Wissen.

5. Wohl weiss ich, dass ich ihrer nie genoss und dass sie meiner nie geniessen wird, noch mich zum Freunde haben, noch sich mir hingeben; und wegen keiner Freude lachte ich so sehr, und [doch] weiss ich nicht, was für Gutes mir von ihr kommen wird.

6. [1]) Eine ferne Liebe tödtet mich, und das süsse Sehnen bleibt mir nahe, und wenn ich mir vorstelle, dass ich dort hingehe in Gestalt eines guten Pilgers . . .

7. Peironet, überschreite den Fluss Ili, denn ich werde zu ihr eilen; und, wenn es ihr gefällt, wird sie mich beherbergen, wodurch die Unterhaltung schön sein wird; schlecht feiten mich meine Pathen, wenn die Liebe mich durch die tödtet, die mich besitzt.

---

1) Die beiden letzten Verse dieser Strophe, welche nur von einer Handschrift überliefert ist, scheinen verderbt zu sein, wenigstens sind sie mir unverständlich geblieben.

8. Gut ist das Lied, wenn ich nicht darin gefehlt habe, und Alles, was darin ist, verhält sich gut; und der, welcher es von mir lernen wird, hüte sich, dass er nicht darin fehle und es zerstückele; denn so hören es in Quercy Herr Bertrand und der Graf von Toulouse.

9. Gut ist das Lied, und sie werden dort irgend etwas thun, wovon man singen wird (oder nach der vielleicht vorzuziehenden Lesart von R: Gut ist das Gedicht, und es werden dazu passen alle Verse, die man singen wird).

V.

Anhang.

Zu I.

1. lo fehlt C. le M. rossinhol CR. — 2. domna JK. — 3. e] en B. e oios JK. — 4. sonen JK. — 6. olier R. — 6. per M. — 7. m'en uen B. — grans] fis JK. — gran Re. — ioi R.
10. borna R. — 11. si en R. — 14. s'amor R. — ab] a E.
16. somian E. — sonia R. — 19. sas R. — beutat C.
24. q'a] e q'a JK. — 25. e qu'ieu m'en etc. (2 Silben zu viel). — que lays C. — 26. i fehlt in E. — len] gen A. — 27. i feht in J. — 28. s'ilha] cela E. — lan ABD. — romaner JKD.
29. Di e. — 31. remir D. — 32. le M. — cor J. — 35. merci e.
38. entre in A zweimal — 39. c'aia D. — 40. grailes e fresca A. grailla es fresc e plasen JK. grailla es D. — 41. gensers M. — 42. ab tant] aitan D.
43. Amor E. — parc R. — 44. niellz D. — 47. merce] meros R.' — guren J. — 48. m'appella AB. ami apel D.
53. ia] si M. — gerimen M. — 55. Jheu Crist seinha M. — 56. segur E.

Zu II.

1. lo] le M. — rius] riu. SUe. rieu R. — fontaina MSe. — 2. s'esclargiz S. s'esclaris U. — 3. la flor RSUe. — aiguentina R. arglentina S. — 4. el] lo U. — rossinholet CRSUe. — el] pel R. — 5. nolu] uolt Ce. vol S veilb U. - - e] er JK. — 7. dreg M. — qu'ieu lo] doncs quel e.
8. Amor CSb. — lointaina S. — 9. lo] le M. — tot lo cor CERU. toz lo cor S. — 10. non] nen M. — 12. dossarna R. — 13. uergiers S. — o] oi S. — 14. desiderada JKS. desidrada U.
15. totz jorns] toz iorn U. tot iorn CS. qecx iorns R. — 17. gensor U. — 18. ni] qe ABD. — fo ni dieus] fes dieu ni e. — 19. iuzena JK. iuziena e. iuzia C. iudea S. iudeua U.
22. mon cor del dezir R. — mos cors] mon cor S. — non] nos D. — 23. uas] de R. — ren] res CR. — 24. uoler CS. — 25. si] e R. — 26. et es pus R. — ponhens] pungent U. — 27. dolor ERS. — c'ap fin ioi sana R. — 28. dom D. — e ia uulb homs no mi planha R.
29. senest e. — parcamina D. — 31. romana] latina B. — 33. car] qe M. gent C.

Strophe 6 nur in CU. — 36. sem pensier lam fai procana U. — 37. ladoncs

U. — 38. mais pois dinz mi rimolina U. — 39. per q'eu m'esperc e aflam U. — 40. qar sai si flors ni grana U. — 41 und 42 lauten in U: le ioi qera de ço camina — tro qu'a mos guabs a fach tangna.

Strophe 7 nur in M und g; v. 1—4 auch in U (cf. Str. 4). — 43. trop foi de loinga traina U. — 44. qe messatgiers non fraing U. — 45. ço] e U. — la gent U. — 46. qu'ab sufrir] qe sufrent U. — saui U.

Strophe 8 nur in R, zeigt einige Verwandtschaft mit Str. 6.

Strophe 9 kommt nur in U vor.

Strophe 10 findet sich in e; v. 1 und 2 auch in b. — 65. volgra] vogr' b. — dins] ins b. — Berner Liederhandschrift 389.

1. Kant li rus de la fontainne
renclarsist si come solt
ke naist la flour aglentainne
et roisignor chante el ro
uoluei refraint et aplaigne
son douls chantier et afine
drois es ke li miens refraigne.

2. Amors de terre lointainne
por uos tous li cors me dolt
et non peuc troueir messine
son ne lait per uo confort
et retrait damor altaigne
en uergier ou sor gaudainne
tail desir ai de compaigne.

3. Moult auroit bone semainne
ki de li auroit son uol
cains contesse ne rodainne
non ot tant auenant cors
bouche ait uermoille com grainne
et semble roze en espaine
blanche est com noix de montaigne.

4. Pues ke tout mi fait lonsainne
nomeir auis son esfol
kains si belle crestiainne
ne fut ne deuz ne la uolt
iudee ne sarazainne
bien seroit paus del mainne
mi tient de samor gadainne.

5. Ensi com cottidienne
com chascuns die et retor
lou cors ke per sumelainne
ait tenue en son redol
ensi amors mi demainne
et tient pres de sai saixaine
et past et paist de dousor prochainne.

Zu V.

1. Layqan MR. an que W.—en] e CKR. — 2. bel ERSe. —doutz chan] del chant S. lo chan e. — 3. partitz] rait D. parti S. — 4. menbram (fehlt eine Silbe) D. remembran Kg. mi membre S. — un amor R. —loing] log. D. — 5. uau] uenc E.—talanz S.— broncs et enclis W e. — e] fehlt JK.— 6. si c'auzels E. — chant S. flor CES e. —dels bels pis R. — 7. non DS.—plus qel] mais qan S. mais quel W. mai com e. — l'iuert J. l'iuern RS. — gelatz] geletz JK. ni glay R.
8. Jamais] ni ia S. — d'amor] d'amar E. amors ER. amor e.—non ADMSe.— guizarai A. — 9. nom] non DJKS. — s'aqest amor non ia Me. si non iauzis d'amors W. —de] fehlt JK. — 10. qe] qar MR. — mielher C. genser DES. —sai] fai g. — 11. das erste ni fehlt S.— pres] prop e. — 13. renc] regne E. — dels] del K e. de D S. — 14. fos] for e. — per] ab R. — caitius] caitiu S.
15. partirai (eine Silbe zu viel) DRS. — 16. qan ben remir l'amor E. — 17. nom sai quora mais C. e non sai si ia M. e no sai cora e. — et bien sai que grieument l'autrei W. — 18. car] qe C e. — 19. assatz] c'assatz R e. e tant S. doncx tant W. — 20. que griement en serai saisuis W.
22. ben KS. — iocs A. ioi Se.—24. s'a] sai K. — alberierai M. albergerai S. — 25. pres] prop e. — si ben M. car trop W. — 26. para parlamen E. — 27. er] es C e. — er tan] seront W. — 28. digz fehlt B.
29. ben] mol W. — 30. que formet cest amor CR (nach 6, 2) — per que. le dit amor W. — 31. mas] qe EJKR. et W. — 32. n'ai] ai W. — tant] top W. — 33. me fos lai] no suy lai C. mi fos ieu M. fos ieu lai R. dex car fusse sains W. — 34. si] tan W. — mos] nos R dann Lücke. — 35. pels] de W. per lo (eine Silbe zu viel) e. — remirar R.
36. Dieus] sel R. Deu S. — tot] tuiz S. — 37. e] en S. — 40. ueraiementz M. — en] el R. — loncs A. — aizis] assais D. iauzis E. aisi R. — 41. las cambras C. li cambra M. — el] els C. e lo S. — iardi R. — 42. palatz] palais R.
43. m'apellet M. — lechai] lial R. — 44. ni] e C.—d'amors Rg. — 45. car] qe C. — neguna res M. nulh autr amor R. — 46. iauzimen CR. — 47. m'es tant ahis] m'es aital, dann Lücke R. m'es tot tais e. — 48. car aisim e. — fadet] artet R. — pairi R. — Codex Reginensis 1725, Fol. 75 b.

> Lors que li jor sont lonc en mai
> mes biaus doz chant d'oisel de lonc.
> et quant me sui partiz de la
> menbre mi dune amor de lonc.
> vois de ca gens bruns et enduis
> si que chans ne flors daubespin
> ne mi val ne cuiuers gelas.

Zu VI.

1. nom ditz R. — 2. fa] fai ER. — 3. uay R. — 4. razos C. — en] e R. — 5. lo mieu chant R. lo miens chantars (eine Silbe zu viel) e.
7. Nulhs hom nos] ia nulls nos M é. — 8. que] q'ieu M. — 10. mas de cela

R. — que] q'eu R. — 11. anc fehlt R. (eine Silbe zu wenig). — anc mais nul temps no mi menti M é. — 12. so fara] mi ueira e.

13. Colps E. — 15. lo] mon R. — magrira] magrisa R. — 16. feri] fezi R. — 17. langui] lagui R. — 18. quar no] ni nos R. — s'esca] s'echa R.

19. suau] souen E e. — 22. R liest: mos cors esperit no fos la c'ab gaug no si aisi, es ist jedenfalls: esperit no fos c' zu streichen. — 23. mais] ho E. e e. — reissit] resueill E. ressit R. — lo] al E. - 24. tot mon bo saber si R.

43. lo] le M é. — uers] sons é. — can] anc e. — noi falhi] non menti M é. — 44. e] ni C. si e. — so] fehlt M. — qe ies] quant i a M é. — esta] ista M. està R. — 47. car] qe C. — 48. coms en] com el R.